Enciclopedia Ilustrada de Ciencia y Naturaleza

El comportamiento de los animales

TIME LIFE
ALEXANDRIA, VIRGINIA

ÍNDICE

1 La búsqueda de alimento — 4

- ¿Cómo se alimenta un paramecio? — 6
- ¿Cómo encuentra una mosca su comida? — 8
- ¿Cómo encuentran los mosquitos la sangre? — 10
- ¿Cómo se ayudan pulgones y hormigas? — 12
- ¿Por qué las serpientes sacan la lengua? — 14
- ¿Por qué los pájaros carpinteros picotean los árboles? — 16
- ¿Cómo encuentra el ornitorrinco su comida? — 18
- ¿Por qué algunos peces tienen bigote? — 20
- ¿Cómo se ayudan entre sí todos estos animales? — 22
- ¿Por qué las rémoras se adhieren a los tiburones? — 24
- ¿Cómo atrapan las arañas a sus presas? — 26
- ¿Cómo descubre la araña que una presa ha caído en su tela? — 28
- ¿En qué consiste el mimetismo? — 30
- ¿Cómo cazan los camaleones? — 32
- ¿Cómo encuentran las serpientes de cascabel a sus presas? — 34
- ¿Cómo pesca la garcilla verdosa? — 36
- ¿Cómo caza la lechuza en la oscuridad? — 38
- ¿Cómo comen los cetáceos? — 40
- ¿Cómo localizan los murciélagos a sus presas en plena noche? — 42
- ¿Cómo caza una manada de lobos? — 44
- ¿Cómo utilizan los chimpancés algunos instrumentos? — 46
- ¿Cómo capturan peces las anémonas? — 48

2 Sistemas de defensa — 50

- ¿Por qué algunos animales imitan el entorno? — 52
- ¿Cuándo una abeja no es una abeja? — 54
- ¿Por qué cambian de color las ranas arborícolas? — 56
- ¿Por qué cambian de color algunos animales con las estaciones? — 58
- ¿Por qué dan saltos las gacelas? — 60
- ¿Por qué hacen ruido las serpientes de cascabel? — 62
- ¿Para qué sirven las manchas en forma de ojo? — 64
- ¿Por qué son tan llamativas las ranas venenosas? — 66
- ¿Por qué algunas mariposas inofensivas imitan a las venenosas? — 68
- ¿Por qué está a salvo el pez payaso entre las anémonas? — 70
- ¿Cómo pueden planear los animales sin alas? — 72
- ¿Por qué nadan los peces en bancos? — 74
- ¿Cómo encuentran sus conchas los cangrejos ermitaños? — 76

¿Por qué cargan con anémonas los cangrejos ermitaños?	78
¿Por qué se rompe la cola de las lagartijas?	80
¿Cómo vuela un calamar?	82
¿Cómo puede un chorlito ser más listo que un zorro?	84
¿Por qué gobios y camarones comparten un mismo nido?	86

3 La búsqueda de pareja y el cuidado de las crías — 88

¿Cómo cortejan a las hembras los machos de las arañas?	90
¿Por qué emiten luz las luciérnagas?	92
¿Cómo consiguen encontrarse las mariposas durante la noche?	94
¿Por qué cantan los grillos?	96
¿Por qué cantan los pájaros?	98
¿Por qué construyen glorietas los tilonorrincos?	100
¿Por qué bailan las grullas?	102
¿Cómo se encuentran los topos macho y hembra?	104
¿Por qué chocan sus cabezas los carneros de las Montañas Rocosas?	106
¿Por qué agitan las pinzas los cangrejos violinistas?	108
¿Cómo cuidan los caimanes a sus crías?	110
¿Cómo encuentran los pingüinos a sus polluelos?	112
¿Dónde se crían los pollos de cuco?	114
¿Reciben ayuda algunas aves cuando crían a sus pollos?	116
¿Por qué a los sirfos les gustan los pulgones?	118
¿Cómo consigue el salmón regresar al río donde nació?	120
¿Por qué los gruñones sólo ponen huevos en luna llena o luna nueva?	122

4 El comportamiento social — 124

¿Desfilan las hormigas legionarias?	126
¿En qué trabajan las abejas?	128
¿Por qué abandonan los zánganos la colmena?	130
¿Por qué algunas aves vuelan en bandadas?	132
¿Cómo se orientan las aves migradoras?	134
¿Cómo se orientan las aves por la noche cuando no pueden ver el paisaje?	136
¿Cómo es la vida en un grupo de leones?	138
¿En qué consisten las asociaciones de primates?	140
¿Utilizan un lenguaje los chimpancés?	142
¿Son los monos capaces de aprender unos de otros?	144

Glosario — 145

1

La búsqueda del alimento

La vida de cualquier animal viene determinada por sus necesidades básicas. Necesita reproducirse. Necesita protección contra sus enemigos. Y necesita encontrar comida.

A diferencia de los vegetales, los animales no son capaces de producir sus propios alimentos. Están obligados a encontrar comida. Esta búsqueda es una de las actividades más importantes para la supervivencia de un animal. La existencia de unos órganos sensoriales extraordinariamente evolucionados permite una búsqueda efectiva, pero localizar una presa no es suficiente, hay que capturarla. Por esta razón los animales han desarrollado

sentidos y capacidades singulares. Así, una lechuza es capaz de atrapar un ratón en la más completa oscuridad, con la única ayuda del oído, que le permite seguir con total precisión el más leve susurro de las hojas. Una serpiente puede localizar el rastro de su presa gracias a su vibrante lengua. Algunos animales, como los chimpancés, han aprendido a convertir ramas y hojas en instrumentos destinados a obtener comida. Otros viven juntos, en simbiosis: un amistoso convenio por el cual se ayudan mutuamente. Los métodos de búsqueda de alimento presentes en el reino animal son prácticamente tantos como grupos de animales existen.

Toda esta serie de adaptaciones es lo que hace posible que los animales sobrevivan en casi todos los rincones de la Tierra, desde las selvas amazónicas repletas de aves hasta las aguas antárticas ricas en krill. En este capítulo se hace un repaso de algunos de los insólitos cuerpos, comportamientos y sentidos que capacitan a los animales que los poseen para hallar y atrapar su alimento.

Amparada en la oscuridad, una lechuza alza el vuelo llevándose su presa *(arriba)*. Algunos animales, como la lechuza o el camaleón que puede verse debajo atrapando una mariposa, han desarrollado unos fulgurantes reflejos con el fin de poder capturar las veloces presas que les sirven de alimento.

¿Cómo se alimenta un paramecio?

El paramecio es uno de los animales más pequeños y sencillos del planeta. Presente allá donde exista un poco de agua dulce, este animal con forma de zapatilla es demasiado pequeño para poder ser observado a simple vista. A pesar de su simplicidad, el paramecio busca y devora su comida con tanta energía como lo haría cualquiera de los animales de mayor tamaño que nos resultan más familiares.

El cuerpo del paramecio se compone de una sola célula cubierta por millares de cortos filamentos, semejantes a pelos, que reciben el nombre de cilios. El movimiento rítmico de estos cilios es lo que impulsa a este minúsculo animal, y también lo que arrastra la comida, consistente en otros animales unicelulares y diminutos vegetales, hacia su organismo. A pesar de carecer de ojos y nariz, el paramecio es capaz de detectar ciertas sustancias químicas presentes a su alrededor; entre ellas, algunas que son liberadas por sus posibles presas. Estas sustancias desencadenan determinados impulsos eléctricos en el organismo del paramecio que provocan que sus cilios se muevan en la dirección adecuada. El paramecio avanza hasta que este "sabor" químico se debilita. En ese momento, da la vuelta y avanza de nuevo, y así sucesivamente hasta rodear a la presa, trazando una espiral que lo aproxima cada vez más a su meta hasta alcanzarla finalmente *(derecha)*.

Una vez que el paramecio ha encontrado a su presa, los cilios crean una corriente que la arrastra hacia su cavidad bucal. El paramecio suele rechazar las partículas no alimenticias, y al igual que los animales mayores, prefiere ciertos alimentos a otros.

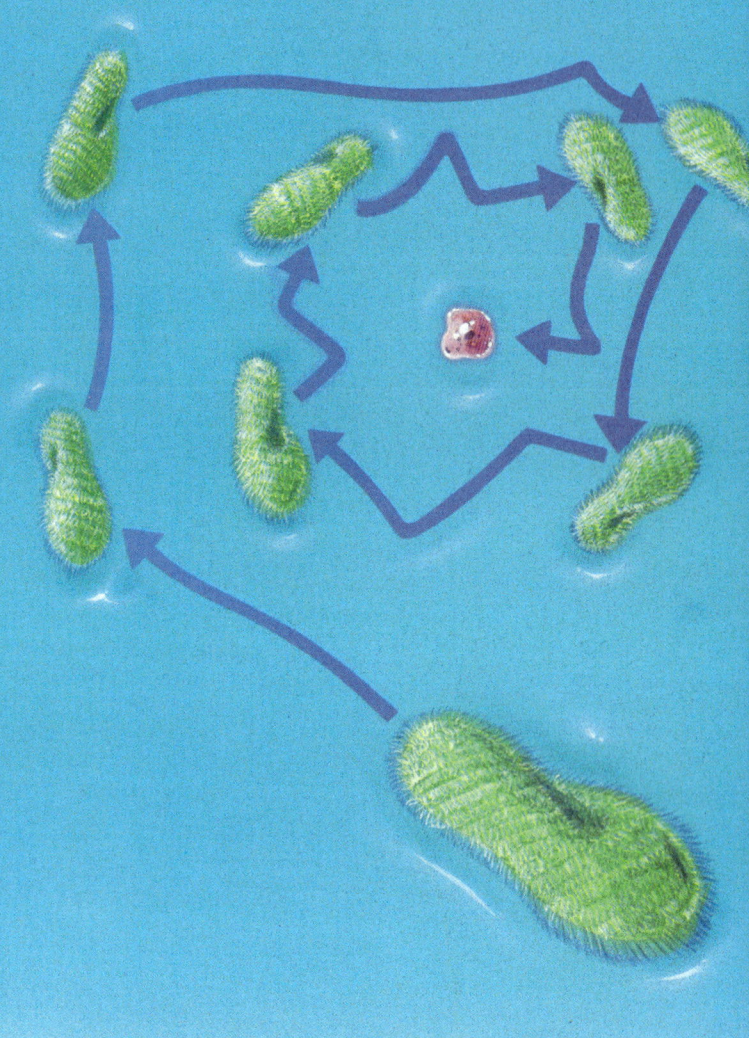

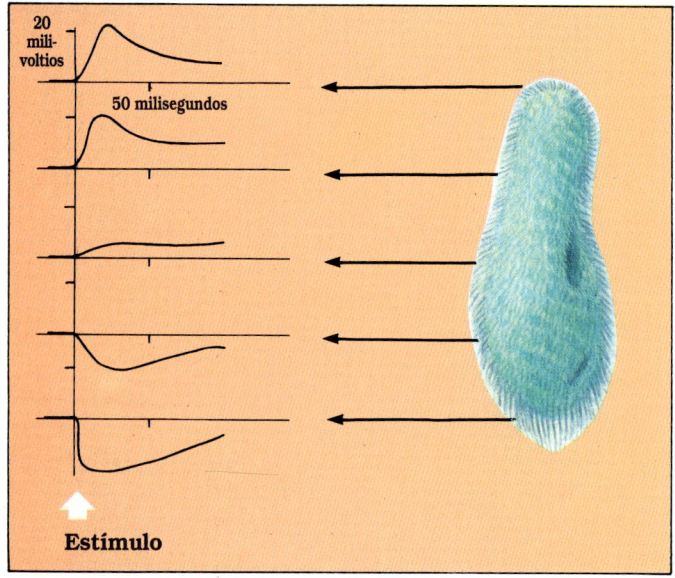

El paramecio responde de manera diferente a los estímulos eléctricos según en qué parte de su cuerpo los reciba. Si es en la región frontal, los cilios baten hacia atrás y el animal gira sobre sí mismo.

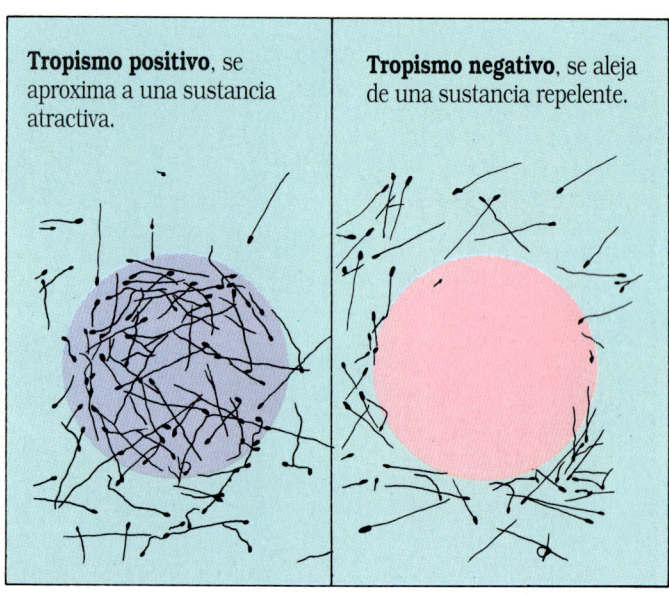

El movimiento por el cual el paramecio se orienta y se dirige hacia la fuente del estímulo se denomina tropismo positivo. El que lo aleja de un estímulo se llama tropismo negativo.

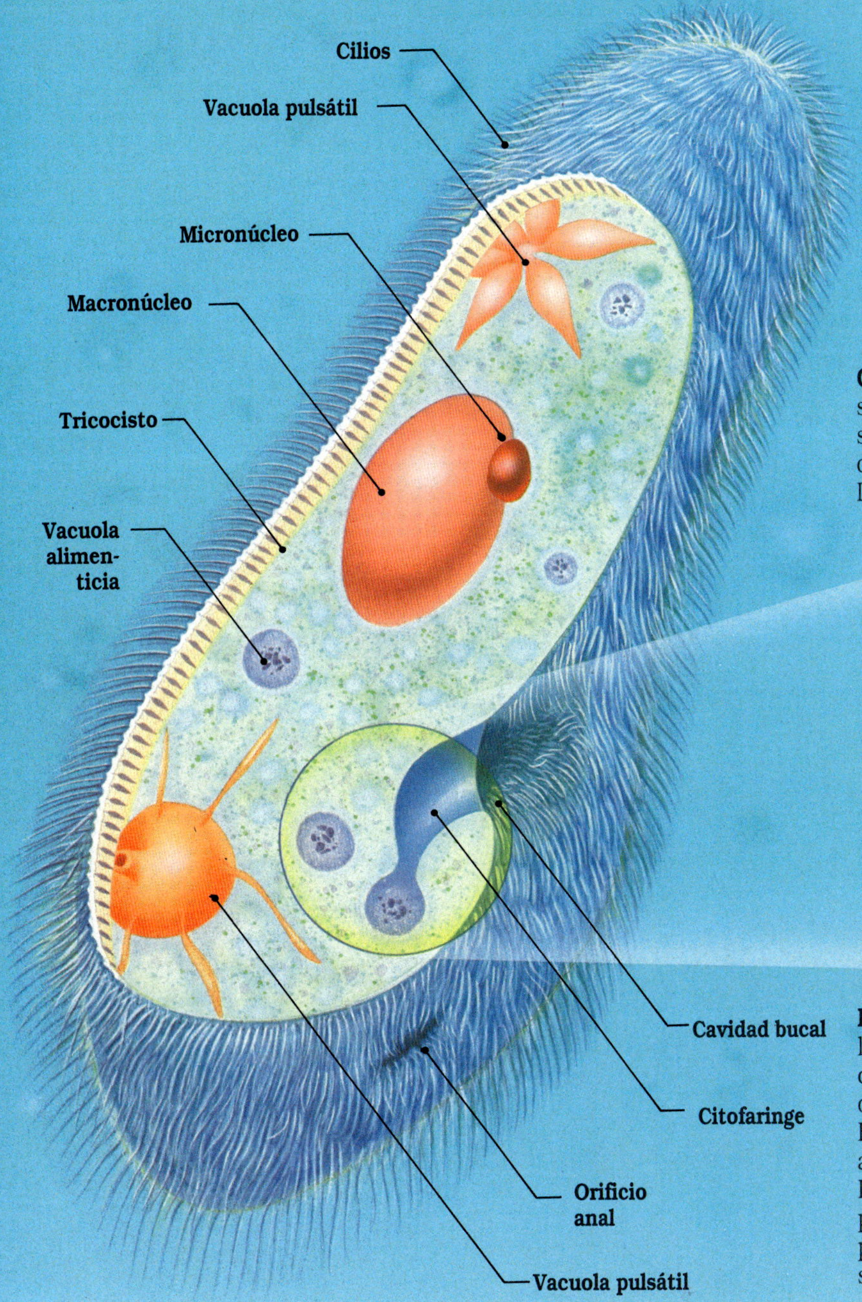

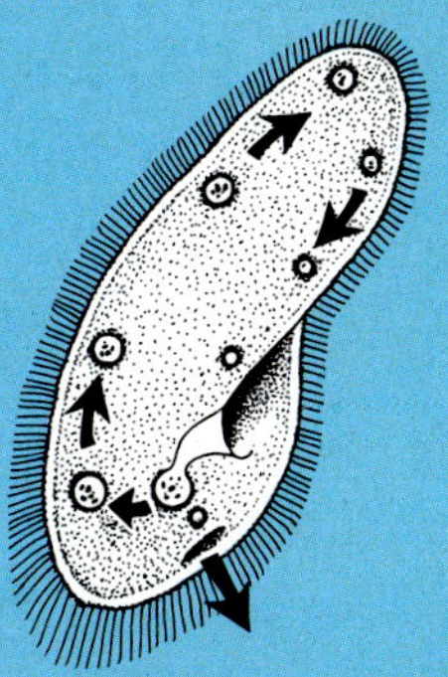

Cuando la comida ha penetrado en el cuerpo del paramecio, se forma una burbuja o vacuola a su alrededor. Ciertas sustancias llamadas enzimas se encargan de digerir la comida mientras la vacuola se desplaza a través del animal. Los residuos son expulsados a través del orificio anal.

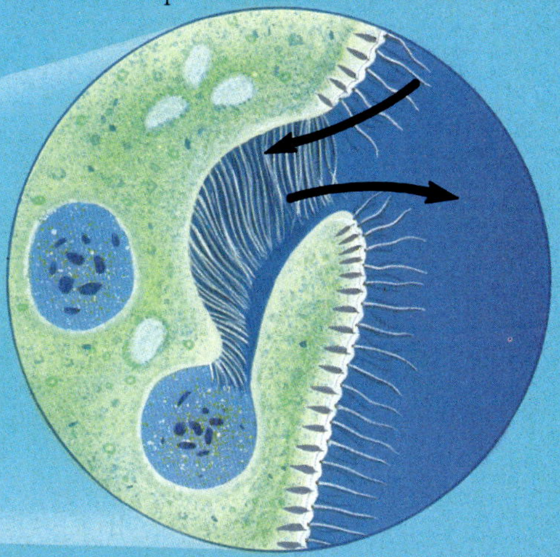

El paramecio se alimenta de minúsculos organismos, como las bacterias, que viven en el agua. En la parte interna de la cavidad bucal, los cilios ondulan actuando como un cedazo que retiene las partículas sólidas transportadas por el agua. Estas partículas se concentran dentro de una vacuola alimenticia que se hincha como un globo para retenerlas. Después, la comida se fragmenta en partículas aún más pequeñas que se almacenan en el interior del cuerpo del paramecio. Otras vacuolas se encargan de recoger el agua sobrante y expulsarla a través del orificio anal.

¿Quién se come al paramecio?

El paramecio pertenece a un extenso grupo de animales unicelulares llamados protozoos. Pero no siempre todos sus parientes se comportan con él de forma amistosa; existen algunos protozoos, pertenecientes al género *Didinium*, que atacan y devoran paramecios, a pesar de ser éstos de mayor tamaño. Cuando un *Didinium* se aproxima a un paramecio, lo hace girando a su alrededor hasta chocar con él. A continuación, proyecta desde su probóscide, un largo tubo próximo a la boca, un par de órganos semejantes a arpones con los que paraliza el movimiento del paramecio. El *Didinium* recoge sus arpones arrastrando con ellos al paramecio y empezándolo a engullir a pesar de su tamaño. En menos de dos minutos, un *Didinium* puede tragarse por completo un paramecio.

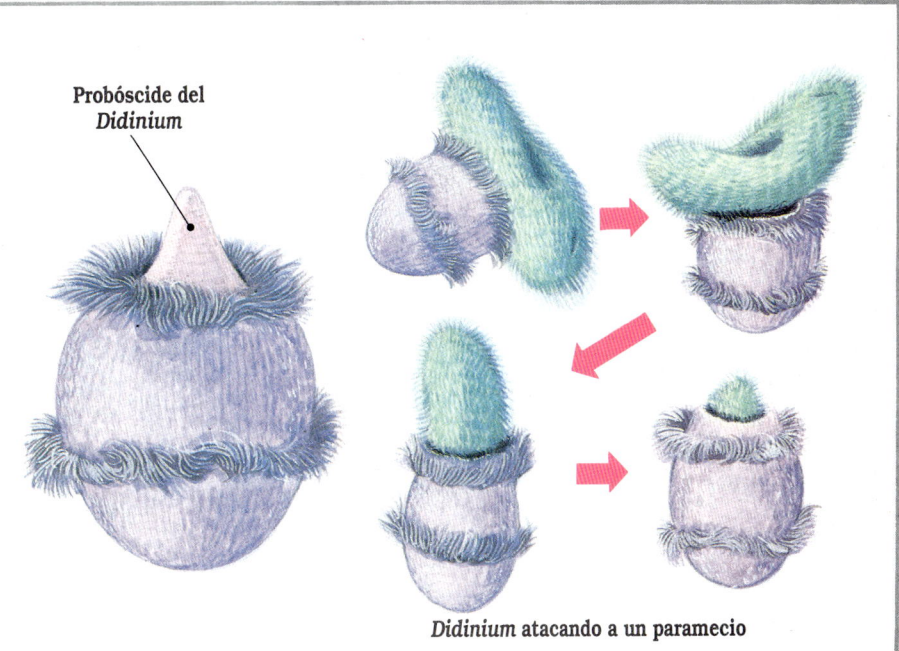

Didinium atacando a un paramecio

¿Cómo encuentra una mosca su comida?

La mosca doméstica, un molesto pero asiduo visitante de todos los hogares del mundo, ha vivido con éxito entre la gente durante milenios. En parte, esto es debido al gran desarrollo de los sentidos del olfato y el gusto que presenta este insecto y que le permiten descubrir cualquier alimento que los humanos dejen abandonado.

El olfato de la mosca reside en sus antenas. Ambos apéndices llevan pequeños orificios que contienen minúsculos pelos sensibles a ciertos olores, como los de la carne y las verduras en descomposición, los preferidos por la mosca. Una vez localizada la comida, la mosca debe caminar sobre ella, puesto que sus órganos gustativos residen en determinados pelos sensoriales de sus patas y en el labio en que termina la trompa, una boca en forma de embudo. Si lo hallado resulta ser comestible, la mosca desenrolla la trompa para ingerirlo.

Trompa

Labio

La mosca utiliza los pelos sensoriales de sus patas para descubrir si el posible alimento que ha encontrado es comestible. Después, despliega la trompa y prueba de nuevo la comida con los pelos del labio antes de ingerirlo.

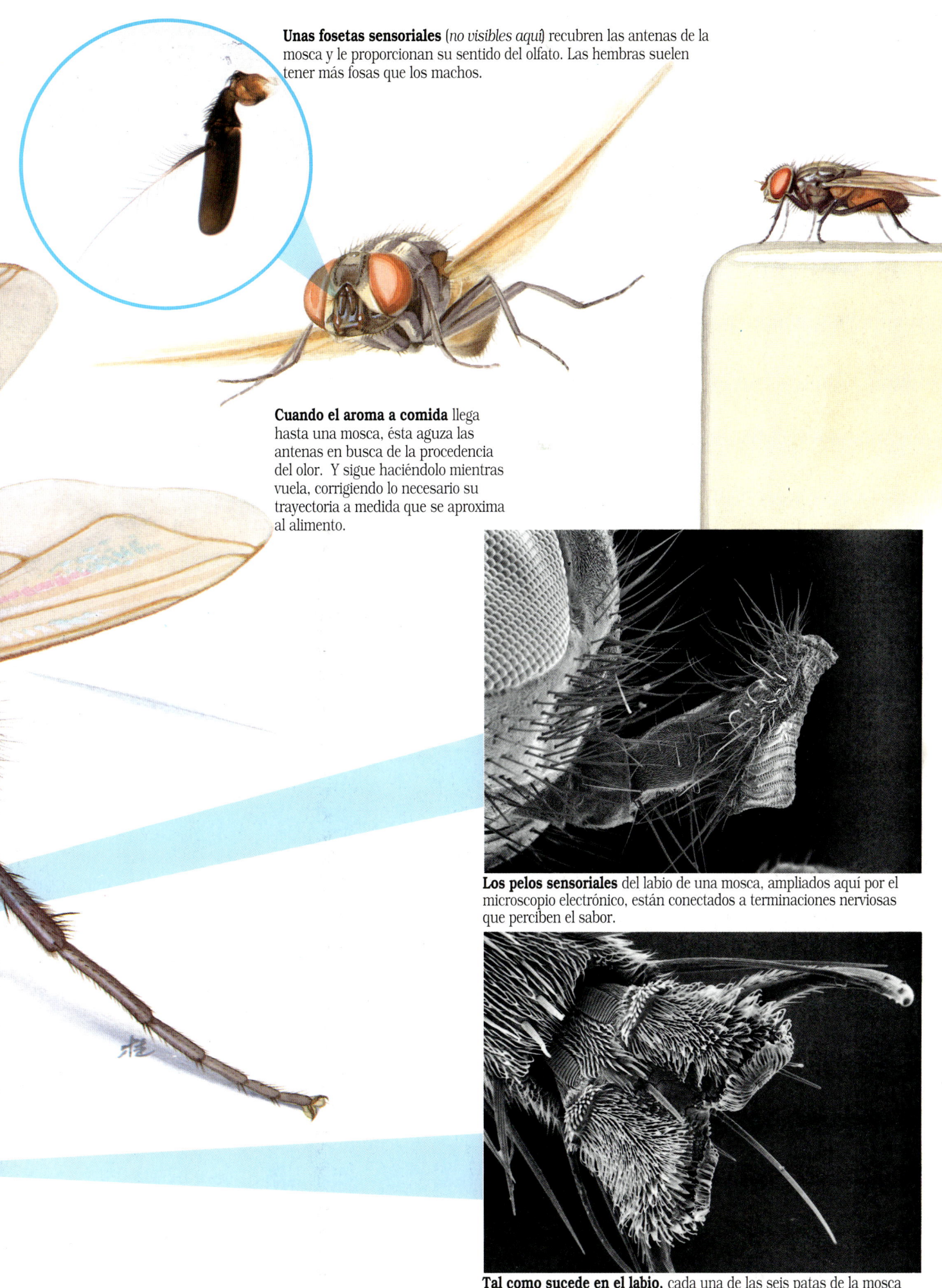

Unas fosetas sensoriales (*no visibles aquí*) recubren las antenas de la mosca y le proporcionan su sentido del olfato. Las hembras suelen tener más fosas que los machos.

Cuando el aroma a comida llega hasta una mosca, ésta aguza las antenas en busca de la procedencia del olor. Y sigue haciéndolo mientras vuela, corrigiendo lo necesario su trayectoria a medida que se aproxima al alimento.

Los pelos sensoriales del labio de una mosca, ampliados aquí por el microscopio electrónico, están conectados a terminaciones nerviosas que perciben el sabor.

Tal como sucede en el labio, cada una de las seis patas de la mosca está recubierta de minúsculos pelos que captan el sabor de la comida.

¿Cómo encuentran los mosquitos la sangre?

Todos los desventurados que dan palmadas al aire intentando ahuyentar al mosquito que zumba junto a su oreja se preguntan cómo puede ese diminuto insecto ser capaz de localizarlos precisamente a ellos. Pero para un mosquito, un hombre de sangre caliente es algo que destaca enormemente del entorno.

Un mosquito macho no se alimenta de sangre: se aparea y muere. Únicamente la hembra adulta o imago se dedica a chupar sangre. Estas hembras encuentran sus presas guiándose por la luz, el calor y el olor. El mosquito tiene bien desarrollado el sentido de la vista; de noche, es capaz de divisar las casas iluminadas desde una gran distancia. En la proximidad de la presa, los órganos sensoriales de las antenas detectan el olor desprendido por la mezcla de sudor, hormonas, aminoácidos y grasas propia de la piel de un ser humano. Estos insectos captan también el dióxido de carbono y el aire húmedo y cálido que se desprenden durante la respiración.

Atraída por el olor y el calor corporal, la hembra de mosquito se aproxima a su víctima. Se posa sobre su piel, la perfora con la trompa (o sea, una boca en forma de tubo) y empieza a absorber sangre.

Trompa y antenas

¿Qué atrae a los mosquitos?

Con el fin de descubrir cuáles son los factores responsables de atraer a los mosquitos, se realizó un experimento en un túnel de viento. Se colocaron tres embudos en el interior de este túnel. El de la izquierda dejaba escapar aire caliente y húmedo; el del centro liberaba aire fresco y húmedo, y el de la derecha, aire caliente y seco. Fueron introducidos a continuación varios centenares de mosquitos tropicales y se añadió dióxido de carbono al ambiente para estimularlos. El experimento demostró que la mayor parte de los insectos se concentrarón en las proximidades del embudo que emitía aire caliente y húmedo. Es, por consiguiente, la combinación de ambos factores, calor y humedad, la que atrae a los mosquitos, y no cada uno por separado.

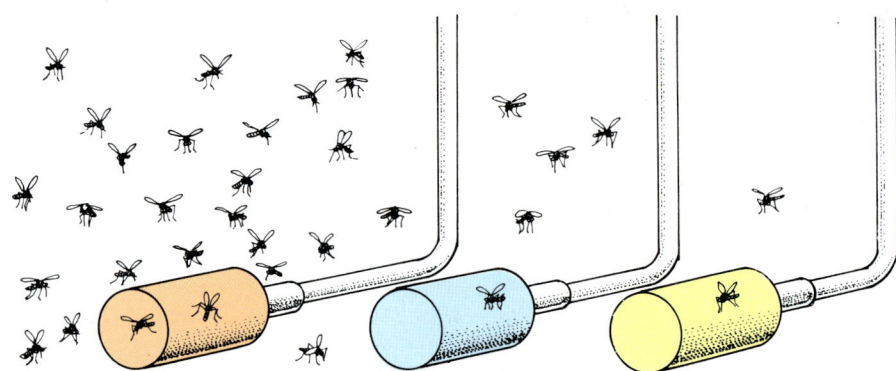

El aire caliente y húmedo atrajo aproximadamente a un 92% de los insectos.

El aire frío y húmedo reunió únicamente a un 5% de los insectos.

El aire caliente y seco atrajo sólo a un 3% de los mosquitos.

Una hembra de mosquito vuela sin rumbo fijo hasta que percibe una corriente de aire húmedo y cálido y dióxido de carbono. Inmediatamente, se dirige hacia el lugar de donde procede. Cambiando sin cesar la dirección de su vuelo, el mosquito localiza con precisión el punto en donde la emisión de dióxido de carbono es más intensa.

Así absorben los mosquitos la sangre

Cuando una hembra de mosquito aterriza sobre una víctima, procede a colocar el extremo de la trompa contra su piel. Acto seguido, la perfora gracias a los afilados estiletes en forma de aguja que posee en las mandíbulas. No es el labio propiamente dicho el que taladra la piel, sino que éste permanece apoyado justo detrás de los estiletes, curvado en arco hacia atrás para estabilizarlos y sostenerlos en posición. Es posible ver fluir la sangre desde la víctima al mosquito mientras éste la sorbe.

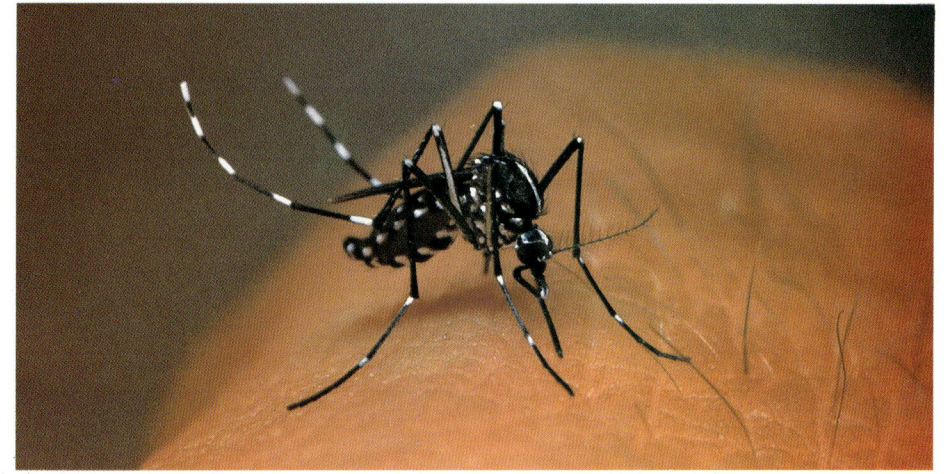

Un mosquito de la especie *Aedes albopictus* en plena comida.

¿Cómo se ayudan pulgones y hormigas?

Ciertas especies de hormigas y de pulgones disfrutan de una relación, conocida como simbiosis, en la que cada una de ellas colabora en la supervivencia de la otra. Los pulgones —insectos pequeños y lentos que viven sobre las plantas— se alimentan de néctar, que succionan de los tallos con sus aparatos bucales largos y puntiagudos. La digestión del néctar lo transforma en una sustancia azucarada, que recibe el nombre de melaza, y que se libera al exterior por la región abdominal, a través de unos órganos especializados llamados cornículos. Esta melaza es el alimento preferido de algunas hormigas, que son capaces de consumir tanta cantidad como los pulgones sean capaces de producir. Creando sus propios "rebaños" de pulgones se aseguran una fuente siempre disponible de comida. Para asegurarse este suministro de alimento, las hormigas cuidan con esmero de sus pulgones. Así, los transportan a lugares donde encuentren suficiente néctar, y cuando la zona está ya demasiado poblada los trasladan a otra más espaciosa. Las hormigas se ocupan asimismo de atacar a cualquier insecto que pretenda devorar a un pulgón, incluso en el caso de que el atacante supere a las hormigas en tamaño.

Los científicos no están seguros de cuándo y de qué manera se inició una relación tan singular. Pero el hallazgo de hormigas y pulgones fósiles en los mismos lugares indica que ambos grupos de insectos podrían estar colaborando desde hace más de 30 millones de años.

Protegiendo los pulgones. La mariquita es un enemigo natural de los pulgones, y las hormigas se agrupan para ahuyentarla cuando intenta atacarlos.

"Ordeñando" un pulgón. A base de golpear con sus antenas el abdomen del pulgón, las hormigas inducen al pequeño insecto a expulsar una gota de melaza que absorben directamente del pulgón.

Unas hormigas beben melaza de una agalla de pulgón. Algunos pulgones ponen sus huevos en el interior de las ramas de los árboles, lo que provoca la formación de unas estructuras esféricas llamadas agallas —una de las cuales puede verse arriba— que envuelven los huevos.

El traslado a un nuevo hogar. Cuando la población de pulgones aumenta en determinada zona, las hormigas los transportan en la boca hasta lugares mejor provistos de comida.

¿Por qué las serpientes sacan la lengua?

Las serpientes poseen el sentido del olfato, pero respiran muy lentamente y, por lo tanto, no son capaces de olfatear el aire con la rapidez necesaria para seguir el rastro de sus presas. Han desarrollado para ello un órgano adicional, el órgano de Jacobson.

Debido a que el órgano de Jacobson está situado en el interior de la boca, las serpientes se ven obligadas a sacar la lengua para recoger los olores que la presa ha dejado en el aire y en el suelo. Después, la lengua se retrae y lleva esos olores hasta el órgano de Jacobson. Puesto que las serpientes son capaces de meter y sacar la lengua de la boca a gran velocidad, pueden, en poco tiempo, identificar y seguir cualquier olor, incluso el dejado por las presas más rápidas.

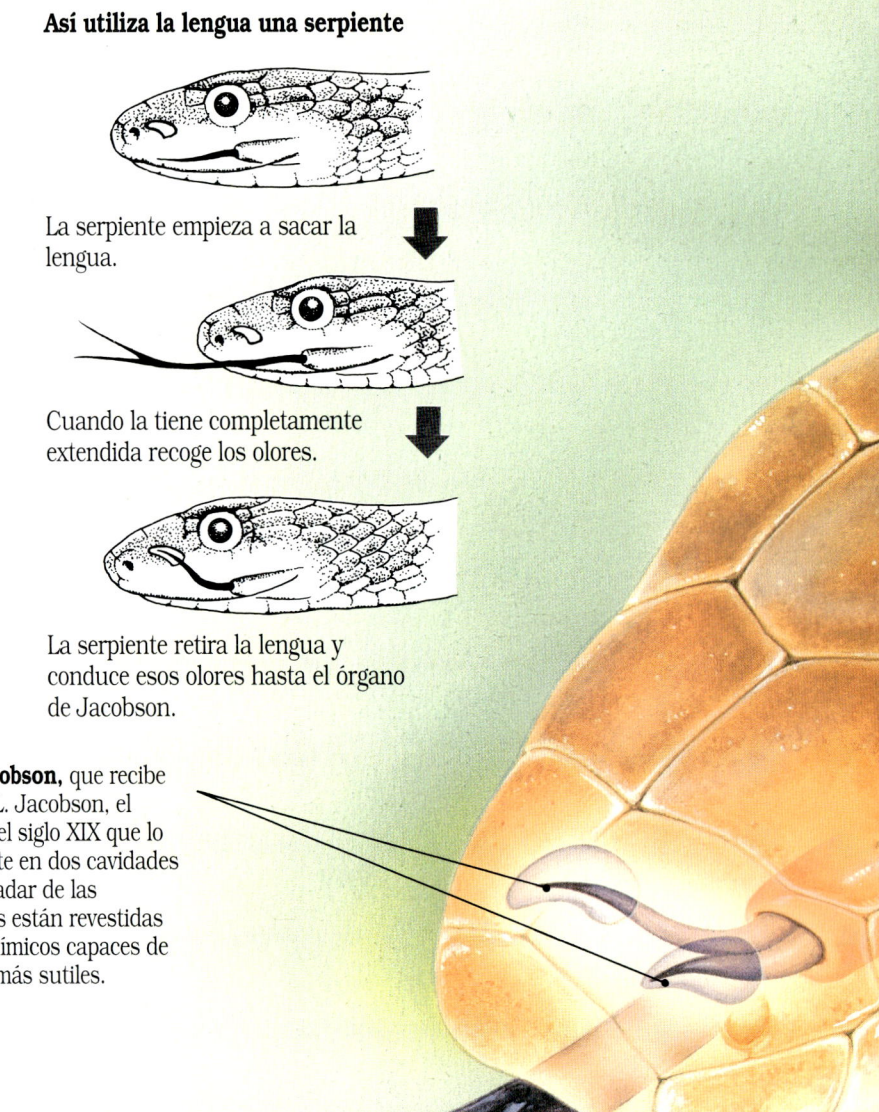

Así utiliza la lengua una serpiente

La serpiente empieza a sacar la lengua.

Cuando la tiene completamente extendida recoge los olores.

La serpiente retira la lengua y conduce esos olores hasta el órgano de Jacobson.

El órgano de Jacobson, que recibe su nombre de L. L. Jacobson, el científico danés del siglo XIX que lo descubrió, consiste en dos cavidades abiertas en el paladar de las serpientes. Ambas están revestidas con receptores químicos capaces de captar los olores más sutiles.

Percibiendo olores

Cualquier animal deja huellas cuando se mueve, ya sean los gases que exhala, el sudor o los fragmentos de piel y pelo que quedan en el suelo. Cuando una serpiente persigue una presa, utiliza la lengua para explorar el aire en busca de gases y también para recoger partículas del suelo. Tanto los gases, disueltos en la saliva, como las partículas son transportados por la lengua hasta el órgano de Jacobson.

Reptiles con órgano de Jacobson

Culebra de collar

Dragón de Komodo

Las presas favoritas

Intrigados por conocer cómo las serpientes identifican a sus presas, algunos científicos expusieron unas cuantas serpientes recién nacidas y que, por tanto, jamás habían probado ningún tipo de comida, al olor de diferentes animales. Las serpientes utilizaban la lengua con mayor intensidad ante el olor de sus presas naturales, incluso en el caso de no haberlas olido nunca antes. Así, por ejemplo, la cría de la culebra de agua rayada respondía con la mayor intensidad ante el olor de las ranas, que constituyen la base de su alimentación, mientras que la cría de culebra cangrejera movía la lengua con mayor velocidad cuando olía cangrejos de río, su presa habitual. De lo que se deduce que cada serpiente nace con una especial sensibilidad ante el olor de ciertos animales. Las gráficas de la derecha muestran el número de veces por minuto que estas dos serpientes sacaron la lengua cuando se las colocó en presencia del olor de lombrices, ranas, peces, ratones, insectos y cangrejos de río.

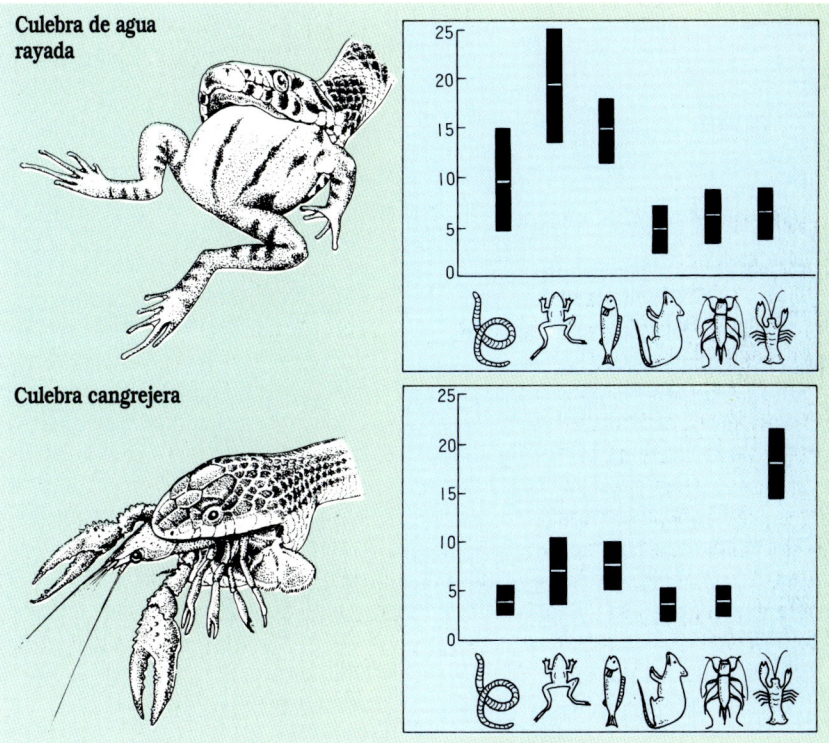

Culebra de agua rayada

Culebra cangrejera

¿Por qué los pájaros carpinteros picotean los árboles?

Los pájaros carpinteros deben el nombre a su escandalosa forma de buscar alimento. Estas aves usan sus picos duros, semejantes a un formón, para arrancar a pedazos la corteza de los árboles y dejar al descubierto los insectos adultos que habitan en las grietas y hendiduras de la misma, así como las larvas que excavan galerías en la madera. Se ayudan en esta búsqueda de la lengua, larga, en forma de látigo, y con la que exploran todos aquellos puntos de difícil acceso.

Los pájaros carpinteros están extraordinariamente dotados para hacer agujeros en la madera. La robusta cabeza y los potentes músculos del cuello les permiten martillear a la tremenda velocidad de hasta 20 picotazos por segundo, mientras un especial sistema de amortiguación en la cabeza absorbe los efectos de los repetidos impactos. Además, las uñas y la cola, excepcionalmente robustas, les proporcionan un sólido sistema de fijación, incluso en troncos verticales

El pico de un pájaro carpintero tiene la forma de un escoplo, es sumamente duro y muy eficaz para arrancar a trozos la madera. En el interior de la cabeza del ave, entre el pico y el cráneo, se sitúa una capa de material esponjoso que actúa como un amortiguador natural de los golpes.

Cada pata tiene dos dedos dirigidos hacia delante y dos hacia atrás.

El cuerpo de un pájaro carpintero está especialmente adaptado para mantenerse sujeto al árbol mientras el ave lo picotea. La cola actúa de soporte.

Las plumas duras y rígidas de la cola ayudan al pájaro carpintero a mantener el equilibrio.

Fabricándose un comedero

Algunos carpinteros se alimentan también de semillas, además de insectos. El carpintero careto, una especie americana (*derecha*), es capaz de almacenar hasta 50.000 bellotas en el interior de árboles, postes de luz y teléfono y cualquier otra estructura hecha de madera. Las bellotas quedan estrechamente comprimidas dentro de los agujeros y el ave ataca y pone en fuga a cualquier intruso que pretenda llevarse algo de tan inmenso depósito de provisiones.

Otros, como el pico picapinos, utilizan para abrir las semillas una ingeniosa técnica que consiste en sujetarlas a un soporte. Cuando encuentra una piña, procede a insertarla justo en la bifurcación de dos ramas o en una hendidura del tronco. Cuando no halla un punto de fijación apropiado, el mismo pájaro lo fabrica agujereando el tronco con el pico. Una vez la semilla está bien colocada, la picotea hasta romper la cáscara y se come el contenido. Los picapinos suelen usar el mismo lugar para realizar esta operación durante toda la temporada, dejando tras ellos unos enormes montones de cáscaras rotas.

La lengua de los carpinteros

La lengua de los carpinteros está sostenida por el llamado aparato hioideo, una estructura alargada formada por hueso y tejido elástico. Se fija en un punto próximo al maxilar superior, da la vuelta al cráneo por detrás y es sumamente flexible, lo que permite al carpintero introducir la lengua en espacios muy estrechos.

Hueso hioides

Lengua

Punta córnea

Con la ayuda de la lengua, un carpintero encuentra una pupa de insecto. La lengua está recubierta por una sustancia mucosa y pegajosa que permite atrapar la presa tras localizarla. Muchos carpinteros tienen además la lengua terminada en una punta córnea o filamentosa, lo que facilita la extracción de los insectos de los huecos y hendiduras más estrechas.

¿Cómo encuentra el ornitorrinco su comida?

El ornitorrinco, un mamífero caracterizado por tener un pico semejante al de un pato y que habita los ríos y lagos australianos, es capaz de encontrar su alimento bajo el agua a pesar de nadar con los ojos, los oídos y la nariz firmemente cerrados. El ornitorrinco localiza a sus presas gracias a unas células especiales, llamadas electrorreceptores, que posee en el lado izquierdo del maxilar superior. Estas células son capaces de captar los débiles impulsos eléctricos generados por la actividad muscular de las presas.

El ornitorrinco come sobre todo pequeños crustáceos. Para hallarlos, se sumerge en el agua y rastrea el fondo a la espera de las señales eléctricas que sus víctimas liberan. En cuanto las recibe, remueve el fango con el pico hasta dar con el origen de la emisión. Y, a continuación, da buena cuenta de la comida.

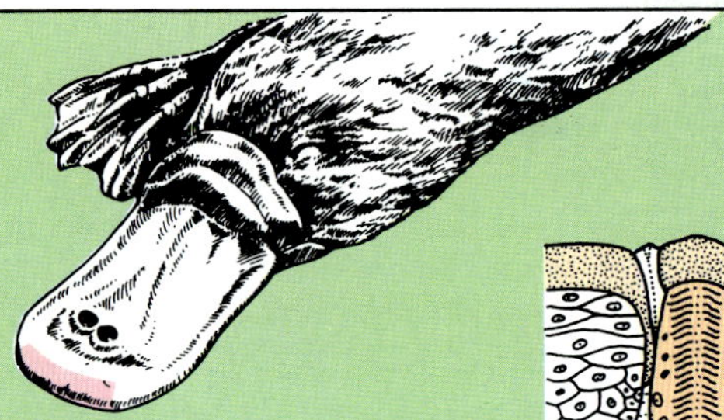

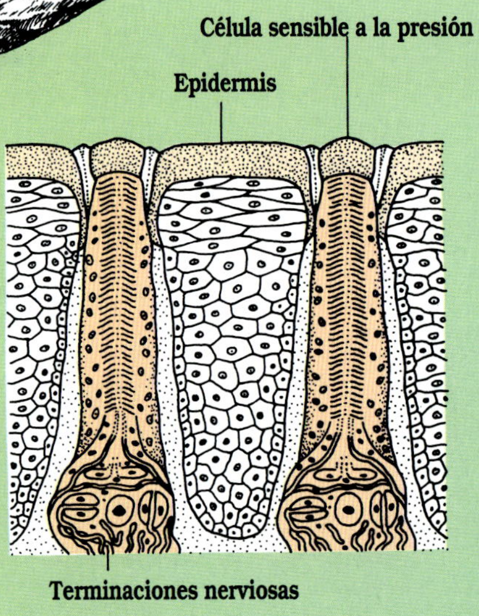

● **Sensible al tacto**

Cuando el pico del ornitorrinco tropieza con algo, unas células sensibles a la presión que existen en el extremo actúan sobre las terminaciones nerviosas a las que están conectadas y éstas transmiten el mensaje al cerebro.

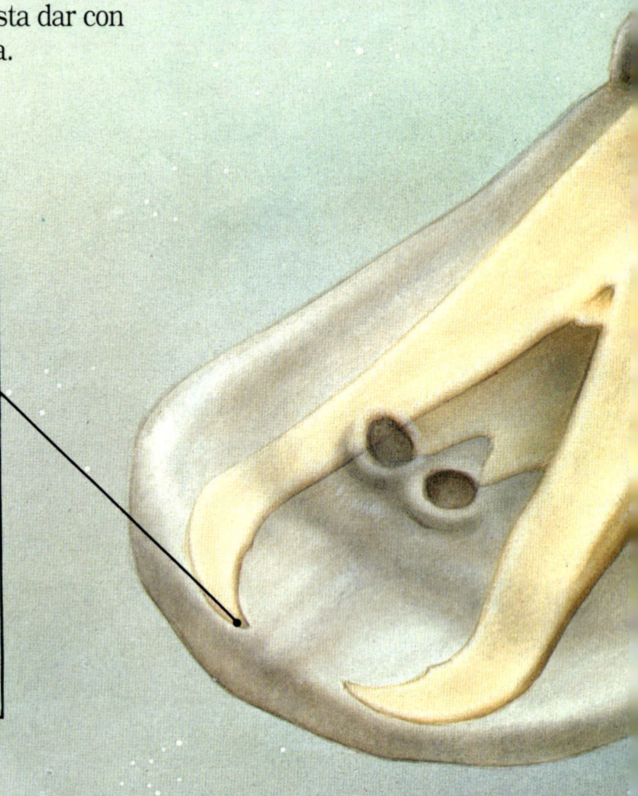

Así vive el ornitorrinco

El ornitorrinco caza de noche y pasa el día en galerías que excava en las proximidades de ríos y lagos. Para prevenirse del ataque de sus enemigos suele taponar los extremos de estos túneles con tierra y excrementos. A diferencia de casi todos los mamíferos, la hembra del ornitorrinco pone huevos que incuba en un nido revestido de hojas húmedas. Cuando se abren los huevos, los jóvenes maman de la madre *(derecha)*.

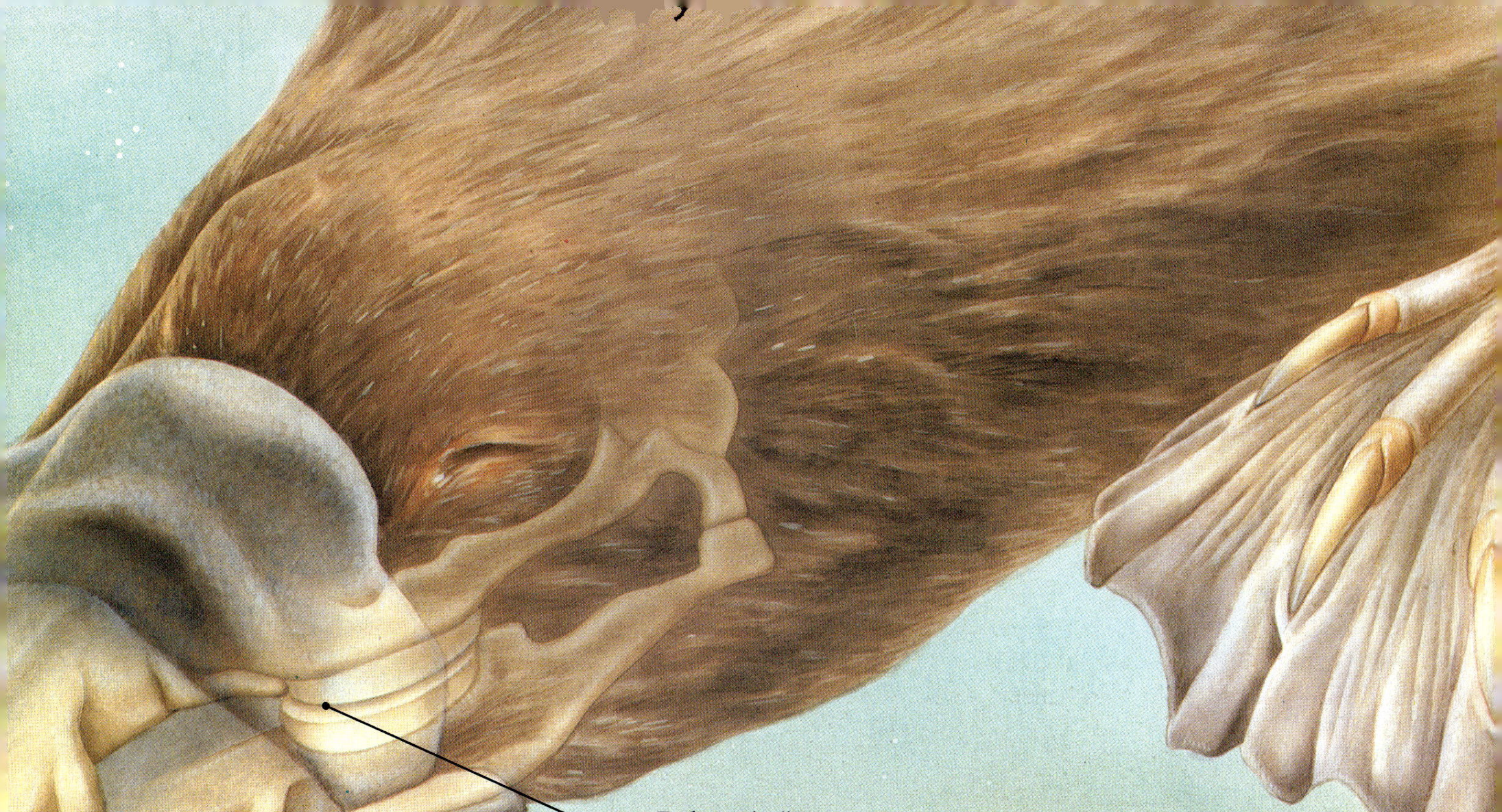

En lugar de dientes, el ornitorrinco adulto tiene placas córneas, unas láminas óseas que se extienden hacia el interior de la boca y que le sirven para triturar la comida.

● **Sensible a la electricidad**

El lado izquierdo del pico del ornitorrinco está cubierto de diminutos poros, cada uno de ellos conectado a un nervio capaz de percibir los campos eléctricos. Unas glándulas mucosas se encargan de mantener húmedos nervios y poros cuando el animal está fuera del agua.

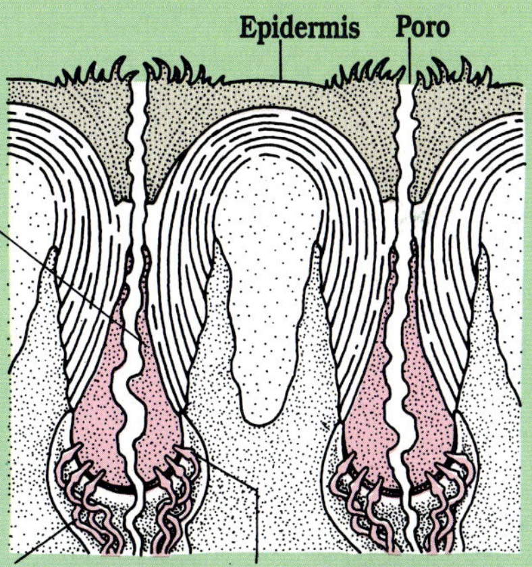

Epidermis   Poro
Glándula mucosa
Terminaciones nerviosas   Electrorreceptores

Un ornitorrinco amamantando a sus crías.

¿Por qué algunos peces tienen bigotes?

Los peces gato y las lochas, dos grupos muy extendidos de peces mayoritariamente de agua dulce, no pueden confiar en la vista cuando se trata de encontrar comida en los fangosos y oscuros fondos de los ríos. La evolución ha dotado a estos peces de unos órganos sensoriales especializados que recuerdan unos bigotes, llamados barbillas, y que les permiten escudriñar el barro y la arena en busca de los insectos y peces de que se alimentan.

Las barbillas son unos largos apéndices, colocados tanto en el labio superior como en el inferior, que contienen unos receptores gustativos similares a los que se encuentran en la lengua de la mayor parte de animales. Simplemente nadando con estas barbillas extendidas o arrastrándolas por el fondo del río, el pez puede conocer el sabor de los animales con que se tropieza. Cuando encuentra alguno que le parece sabroso, no tiene más que tragárselo.

Anatomía de la barbilla de una locha

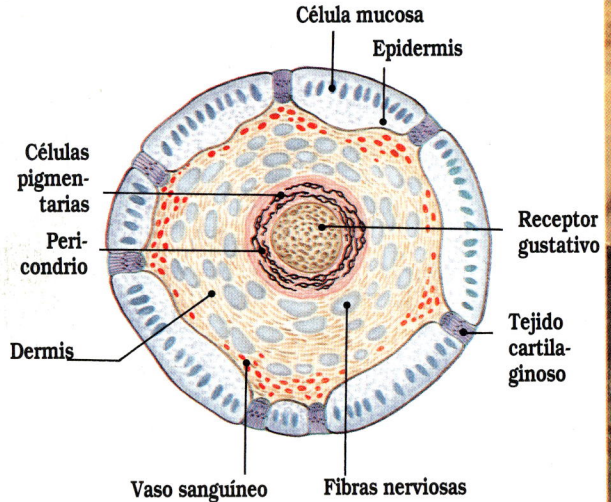

Célula mucosa
Epidermis
Células pigmentarias
Pericondrio
Dermis
Receptor gustativo
Tejido cartilaginoso
Vaso sanguíneo
Fibras nerviosas

Las lochas capturan larvas de insectos (*abajo*) clavando sus barbillas en el barro y moviendo la cabeza de un lado a otro.

Una barbilla para cada ambiente

La evolución ha dado lugar a diferentes tipos de barbillas para cada tipo de pez, cada una adaptada a un entorno en particular. Por ejemplo, las lochas que viven en sitios fangosos, como los campos de arroz inundados, tienen barbillas largas y flexibles que pueden ser arrastradas para dragar el barro en busca de comida. En otros casos, como el del lobo de mar, poseen barbillas más cortas y rígidas, adecuadas para explorar fondos de grava o arena. Por último, hay casos en que las barbillas han sido prácticamente sustituidas por una boca en forma de ventosa adaptada a arrancar algas de las rocas. A la derecha aparecen representados estos tres tipos de barbillas.

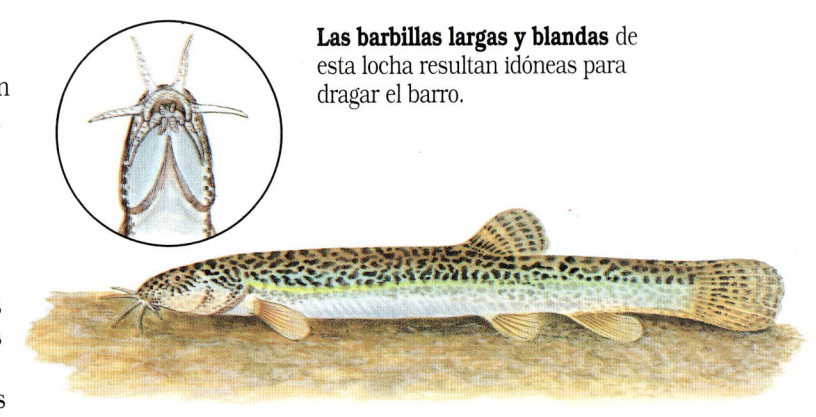

Las barbillas largas y blandas de esta locha resultan idóneas para dragar el barro.

El pez gato de cabeza de toro *(arriba)* mueve vigorosamente las barbillas entre la arena y la grava en busca de comida.

El pez gato moteado *(derecha)* nada con las barbillas extendidas hacia delante, a la espera de que algún pez de pequeño tamaño las roce al pasar.

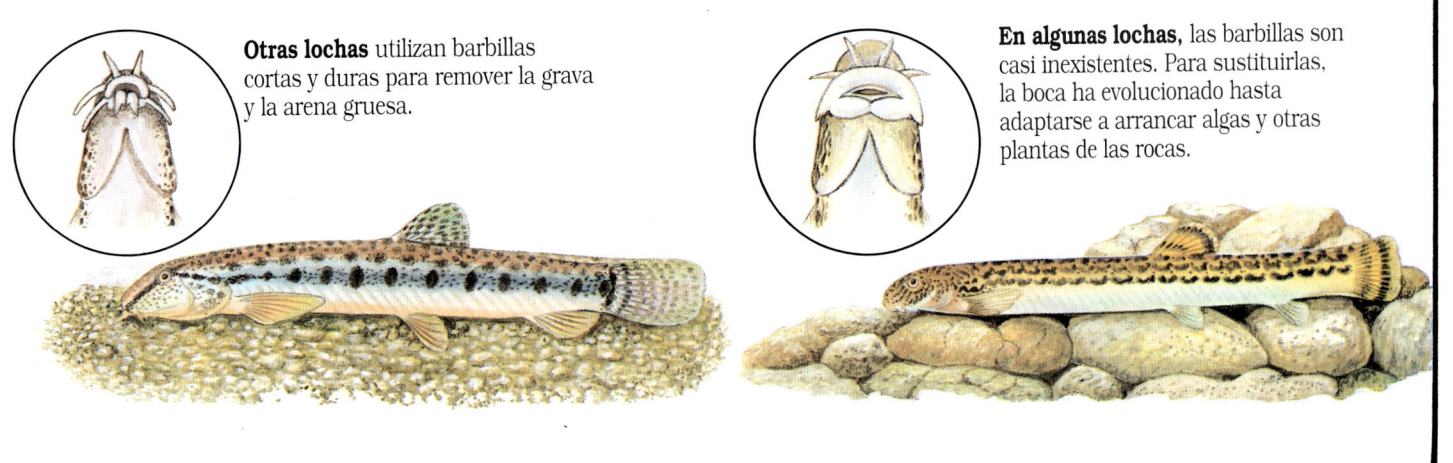

Otras lochas utilizan barbillas cortas y duras para remover la grava y la arena gruesa.

En algunas lochas, las barbillas son casi inexistentes. Para sustituirlas, la boca ha evolucionado hasta adaptarse a arrancar algas y otras plantas de las rocas.

¿Cómo se ayudan entre sí todos estos animales?

La búsqueda de comida en el reino animal no se resume siempre en cazar o ser cazado. Ciertos animales han aprendido a colaborar, a proporcionarse mutuamente algo que el otro necesita, estableciendo así una relación beneficiosa para ambos que se conoce con el nombre de simbiosis.

Uno de estos casos es el que se da entre anémonas, crustáceos y peces en determinadas regiones marinas. Unos pequeños crustáceos, de aspecto similar a los camarones y vivos colores, organizan auténticas "estaciones de servicio" entre los tentáculos venenosos de unas anémonas de gran tamaño. Los peces se acercan hasta los crustáceos para que éstos los liberen de todos los parásitos que llevan adheridos a su cuerpo. Las anémonas protegen a los crustáceos de los predadores y de vez en cuando consiguen atrapar y devorar algún pez.

1 **Un pez se acerca tanto como es capaz** a los tentáculos de la anémona para permitir al crustáceo limpiador que lo libere de sus parásitos.

▶ **Si se acerca demasiado** a los tentáculos de la anémona, el pez es capturado y devorado.

Otros limpiadores simbiontes

El mundo submarino abunda en ejemplos de simbiosis basadas en la limpieza. Varios tipos de crustáceos y peces se han especializado en la limpieza de otros animales marinos. Esta actividad proporciona alimento al limpiador y comodidad al que ha quedado limpio.

Los limpiadores suelen tener colores llamativos, probablemente para ser localizados con facilidad. Su servicio es tan popular que, a menudo, es posible ver varios peces en fila esperando turno para ser atendidos.

Un crustáceo limpiador penetra en la boca de un pez para comerse los pequeños animales, bacterias u hongos que hayan quedado entre los dientes.

Un crustáceo limpia la boca de una morena sin temor a ser devorado.

2 Un pez se inclina hacia un lado para inducir al pequeño crustáceo a que inicie la limpieza. Éste, como respuesta, se le aproxima.

3 Aferrado al pez, el crustáceo limpiador se come otros crustáceos minúsculos que encuentra alrededor del ojo.

¿Por qué las rémoras se adhieren a los tiburones?

Hay ocasiones en una relación simbiótica en las que un animal saca más provecho que el otro. Es el caso de las rémoras.

La rémora es un curioso pez que se desplaza dejándose llevar por los tiburones y otros animales marinos gracias a una ventosa que posee en la parte superior de la cabeza. Este sistema de viajar gratis le proporciona numerosos beneficios. Por una parte, ahorra energía al ser arrastrada por un tiburón; incluso cuando se suelta, aprovecha para moverse la ondulación que deja el tiburón a su paso. Por otro lado, la rémora obtiene de esta manera la comida con facilidad, ya sea recogiendo los pequeños crustáceos enganchados al cuerpo de su anfitrión, ya sea aprovechando los fragmentos que caen de su boca. Además, es muy poco probable que a algún depredador se le ocurra atacar a una rémora cuando va acompañada por un tiburón.

Los tiburones también se benefician de esta relación, puesto que las rémoras acaban con los parásitos que los cubren. Sin embargo, da toda la impresión de que son las rémoras las que disfrutan de la mejor parte del trato.

■ **Así consiguen las rémoras los parásitos**

La mandíbula inferior de la rémora sobresale por delante de la superior. Se trata de una adaptación para recoger y engullir los parásitos que va arrancando del cuerpo del tiburón.

Cuando la rémora avanza a lo largo del cuerpo del tiburón, la mandíbula superior actúa como una espátula que arranca los parásitos pegados a la piel del tiburón. De esta manera, los crustáceos caen directamente al interior de la boca de la rémora.

▲ **El disco adhesivo oval de la rémora**, compuesto por laminillas óseas, no es más que una aleta dorsal modificada a lo largo de la evolución. Unos tres meses después del nacimiento, el disco está ya completamente formado y la rémora está a punto para fijarse sobre otro pez.

● **Más anfitriones para las rémoras**

Las rémoras se aferran también a rayas, tortugas marinas, ballenas y otros habitantes del mar, incluso a aquellos que son capaces de sumergirse a grandes profundidades.

Manta raya **Dugongo** **Tortuga marina**

¿Cómo atrapan las arañas a sus presas?

Entre las más de 32.000 especies conocidas de arañas, es posible encontrar numerosos ejemplos de métodos de caza ingeniosos. Por ejemplo, es sabido que todas las arañas son capaces de fabricar hilo de seda gracias a unos órganos especializados llamados hileras. Esta seda, que puede ser húmeda o bien seca, es la fibra natural más resistente que se conoce y, con ella, muchas arañas construyen telas en las que atrapan los insectos de que se alimentan. Las hay que fabrican la tela con sólo unas cuantas hebras, otras utilizan el hilo tan sólo para la construcción del nido, y otras, en fin, confeccionan una pequeña tela que arrojan sobre sus presas a modo de red.

Hay arañas que no construyen tela. En lugar de eso, cazan al acecho, persiguen a la presa o, incluso, la atraen hacia una trampa. Cada especie ha desarrollado su propio sistema de caza, una estrategia siempre perfectamente adaptada al entorno en que se desenvuelve.

Colgada a cierta distancia del suelo, la araña de anteojos sostiene una pequeña tela elástica con cuatro de sus patas, para dejarla caer de improviso sobre la presa.

Desde una madriguera recubierta de seda y provista de una tapa articulada, una tarántula surge velozmente para atrapar una cochinilla (derecha).

Oculta entre los pétalos abiertos, la araña trébol (izquierda) permanece inmóvil, a la espera de que algún insecto visite la flor. Cuando llega una abeja (derecha), la araña la captura.

Colgadas de una tela muy sencilla, algunas arañas australianas hacen oscilar un hilillo de seda adhesiva y muy olorosa (*extremo izquierdo*). Cuando una polilla, tentada por el olor, se acerca hasta quedar pegada a la gota (*izquierda*), la araña la iza y la devora.

Las arañas escupidoras permanecen al acecho en rincones oscuros y escupen un líquido pegajoso sobre las presas que se ponen a tiro. Esta sustancia se solidifica posteriormente e inmoviliza la presa.

Una tarántula sujeta una cría de ratón que ha capturado sin ayuda de tela ni trampas. Esta araña cazadora ronda en busca de presas, a las que es capaz de descubrir desde una distancia de 25 cm y sobre las que se abalanza para sujetarlas y paralizarlas de un mordisco.

Las arañas pescadoras se inclinan sobre la superficie del agua sosteniéndose con las patas traseras y golpeando el agua con las delanteras. Engañado por semejante imitación de un insecto, algún pez se acercará hasta la superficie donde será víctima de la araña.

27

¿Cómo descubre la araña que una presa ha caído en su tela?

La mayoría de las arañas poseen un sentido de la vista muy poco desarrollado y deben guiarse básicamente por el tacto para descubrir lo que ocurre a su alrededor. Puesto que las patas de la araña pueden percibir la mas mínima vibración, el animal es capaz de captar, mientras espera en un rincón de su tela, los movimientos que efectúan sus víctimas al intentar desprenderse de los pegajosos hilos que las sujetan.

Las arañas que construyen telas destinadas a atrapar presas suelen esperar en el centro de la tela u ocultas entre las hojas en una de las orillas. Las arañas que se mantienen a cierta distancia acostumbran a tender un hilo que comunica su escondite con el centro de la tela.

Manteniendo siempre las patas sobre este hilo, pueden saber en cualquier momento si una víctima ha caído en la trampa. Si lo que cae sobre la tela es una hoja, la araña no se acerca a investigar, toda vez que es perfectamente capaz de distinguir los movimientos de la presa de los causados por la hoja.

Las vibraciones de las víctimas

Con la intención de averiguar cómo identifican las arañas a sus presas, se puso en contacto un diapasón con la tela de una araña de jardín. Este diapasón vibraba a la misma frecuencia a la que baten las alas de un insecto. La araña reaccionó exactamente igual que si se hallase ante una verdadera presa. Cuando el diapasón vibraba en frecuencias distintas, la araña se alejaba o lo ignoraba.

Un diapasón (*arriba*) que vibra con la misma frecuencia que las alas de un insecto toca la tela de la araña. Ésta, al confundirlo con una presa, intenta envolverlo con un hilo de seda (*izquierda*).

La araña es capaz de percibir vibraciones producidas en puntos de la tela distantes del lugar donde ella se encuentra. Esto es debido a que cada una de sus patas sujeta un hilo de la tela con su pequeña uña terminal (*arriba*). Las vibraciones llegan hasta la araña a través de unos pelos erizados que recubren las patas. En realidad, es la pequeña diferencia entre las vibraciones procedentes de cada una de sus ocho patas la que permite a la araña saber el lugar exacto en el que ha quedado atrapada la presa.

● Un sistema de alarma

▼ **La araña de jardín** tiende un hilo que comunica la tela con un escondrijo cercano, a la derecha, donde permanecerá a la espera.

▶ **Existe una familia de arañas** que teje unas telas esféricas y densas y utiliza los radios como hilos de alarma.

Las arañas sujetan algunos hilos de la tela con tres uñas que poseen en el extremo de las patas, aumentadas aquí 80 veces. La uña curvada sirve para extraer seda nueva de las hileras.

Una mariposa que haya quedado atrapada en una tela intentará liberarse batiendo las alas. Cuando siente vibrar los hilos, la araña se precipita hacia la víctima. La paraliza inyectándole veneno con un mordisco y, a continuación, la devora succionando sus jugos internos.

¿En qué consiste el mimetismo?

Cuando se acerca una presa, la mantis permanece tan quieta que la mariposa la confunde con una verdadera flor de orquídea.

La mantis se abalanza con sus patas delanteras sobre la desprevenida mariposa. Los bordes aserrados de las patas le facilitan la sujeción de la presa.

Esta especie de mantis, propia de las selvas de la península de Malasia, es un extraño insecto que imita la forma y el color rosa de la flor de una orquídea. Esta imitación atrae a otros insectos que son capturados y devorados por la mantis.

Muchos animales utilizan disfraces semejantes, un fenómeno que recibe el nombre de mimetismo. En el caso de que permita al animal que lo practica atacar y capturar presas, se denomina mimetismo agresivo. Pero el mimetismo sirve también para protegerse de los propios enemigos. Cuando se acerca uno de ellos, la mantis no huye, sino que permanece inmóvil y el enemigo la confunde con la flor o la hoja a las que imita.

Otros casos de mimetismo entre las mantis

Apretada contra el tronco de un árbol cubierto de líquenes, esta mantis gris resulta prácticamente invisible.

El color, la forma y los movimientos de esta mantis que imita una hoja seca se combinan para sembrar la confusión entre sus posibles enemigos. La mantis se balancea además suavemente, como una hoja expuesta a la brisa.

Toda una vida de engaños

Cuando es joven, esta mantis recuerda la forma de un insecto cuya picadura es muy dolorosa. Este mimetismo protege a la joven mantis de los depredadores.

Cuando crece, la mantis se asemeja a una orquídea y se mantiene así oculta a todas las miradas.

De adulta, la mantis cambia de aspecto y adopta una apariencia semejante a la de la conocida mantis religiosa.

¿Cómo cazan los camaleones?

Un camaleón camuflado, gracias a su color, similar al del bosque iluminado por el sol.

Los camaleones, un grupo de lagartos que se encuentra representado en Asia, Europa y África, son bien conocidos por su capacidad para cambiar de color, lo cual les resulta de gran ayuda cuando se trata de pasar inadvertidos ante sus enemigos o sus presas. Pero poseen otras tres características de gran utilidad para la caza: una larga lengua pegajosa, unos ojos giratorios y unas patas capaces de aferrarse como manos. En las bosques tropicales donde viven, los camaleones cazan de día, esperando inmóviles sobre una rama o desplazándose lentamente al acecho, hasta que un insecto se coloca al alcance de su lengua. En ese momento, ésta, que es tan larga como medio cuerpo del animal y se mantiene plegada dentro de la boca, se dispara hacia el exterior para capturar la presa y llevarla hasta las mandíbulas.

¿Por qué cambia de color un camaleón?

Aunque se diga habitualmente que los camaleones cambian de color para confundirse con el entorno, esto no es del todo cierto. Los camaleones cambian de color como respuesta a los cambios de temperatura y a las variaciones de intensidad de la luz que reciben. Su color se oscurece en los lugares sombríos y fríos y se hace más claro en lugares iluminados y cálidos. Si se cubre parcialmente un camaleón situado en un lugar iluminado y cálido con un paño grueso y frío, la parte del cuerpo que quede tapada se oscurecerá. El color de un camaleón se hace más claro también cuando el animal está asustado o excitado. Estos cambios de color relacionados con el estado anímico del animal son la causa de que no siempre el camaleón se confunda a la perfección con su entorno.

1 Una rama cae sobre un camaleón que tomaba el sol.

2 La piel calentada por la rama se vuelve más clara.

Recogida normalmente en el interior de la boca, la lengua del camaleón es gruesa y acabada en punta, enrollada de modo similar a como se arremanga la manga de una camisa. Unas glándulas especiales en su extremo la mantienen siempre húmeda con una secreción muy pegajosa. Los músculos que se contraen aparecen señalados en azul en el dibujo; los relajados, en rojo.

Una vez ha seleccionado el blanco, el camaleón utiliza los músculos del cuello, la mandíbula y la lengua para disparar ésta de modo que su extremo haga impacto sobre el insecto. Cuando la presa ha sido atrapada, la lengua se retrae (*abajo*). Todo en una veinteava parte de segundo.

Los ojos del camaleón se mueven en todas direcciones con independencia uno del otro (*arriba a la izquierda*), pero cuando se dispone a atrapar una víctima, ambos ojos giran hacia delante hasta enfocar directamente el objetivo (*arriba a la derecha*). Visto por delante, el esbelto reptil se aparece ante su presa como un ser pequeño e inofensivo hasta que es ya demasiado tarde para escapar.

Cada pata del camaleón presenta dos de sus dedos opuestos a los otros tres, lo que dota al animal de un firme aparato de sujeción. La cola la utiliza también para sujetarse a las ramas.

¿Cómo encuentran las serpientes de cascabel a sus presas?

Para localizar la presa, las serpientes de cascabel utilizan, en primer lugar, su agudo sentido del olfato (*página 14*), con el que identifican la senda que las víctimas suelen utilizar. Después, se limitan a esperar que pase la comida. Cuando se aproxima un animal, la serpiente lo localiza gracias a las vibraciones que producen sus pasos. A medida que la presa se acerca, la serpiente utiliza la vista y un par de órganos especiales sensibles al calor, llamados fosetas faciales, para fijar su posición con exactitud. Una vez la tiene a su alcance, la serpiente ataca y muerde, inyectando en la presa una dosis letal de veneno.

1 La espera. Una serpiente de cascabel yace a la espera junto a un tronco caído que ha sido identificado como lugar de paso habitual de ratones. Cuando uno de ellos anda sobre el tronco, la serpiente capta las vibraciones.

2 La localización. A medida que el ratón se acerca, la serpiente utiliza tanto la vista como las fosetas faciales para fijar la posición de su víctima.

El radio de acción de una serpiente de cascabel

El alcance de las fosetas faciales de una serpiente es menor que el de la vista. Esto es debido a que las fosetas están más próximas entre sí que los ojos.

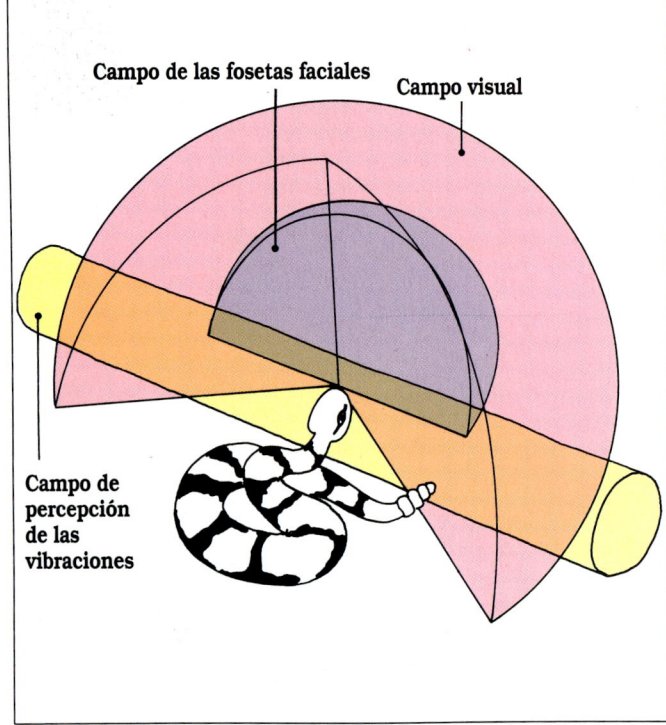

Sensores térmicos

De la misma manera que los ojos contienen células capaces de percibir la luz, las fosetas faciales de una serpiente de cascabel contienen células que perciben el calor. Estos órganos están situados en dos cavidades emplazadas entre los ojos y los orificios nasales y son tan sensibles que pueden distinguir dos objetos cuyas temperaturas difieran tan sólo en una diezmilésima de grado centígrado. Con semejantes sensores, las serpientes pueden cazar incluso en completa oscuridad.

Órganos sensoriales

▼ **Esto es lo que "ve" una foseta facial.** Esta fotografía de un ratón ha sido tomada con película sensible al calor y muestra algo parecido a lo que percibe una serpiente de cascabel con sus fosetas faciales. Las zonas más calientes aparecen en rojo y las más frías en azul.

3 El ataque. Cuando ya tiene el ratón al alcance de la vista, la serpiente ataca. Tras recibir el mordisco, el ratón se desplaza una corta distancia dando tumbos hasta caer muerto.

4 La comida. La serpiente sigue el rastro oloroso dejado por el ratón moribundo hasta dar con el cadáver. Puesto que carecen de dientes —a excepción de los colmillos—, las serpientes se ven obligadas a tragar enteras sus presas. Las mandíbulas están adaptadas para ensancharse y permitir la ingestión de animales de gran tamaño. En la fotografía de la izquierda se ve una serpiente de cascabel que empieza a tragarse el ratón que acaba de matar.

¿Cómo pesca la garcilla verdosa?

Las garzas, una familia de aves presente en todos los continentes a excepción de la Antártida, se alimentan fundamentalmente de peces que extraen de lagunas y ríos de aguas poco profundas. Mientras que la mayor parte de las garzas permanecen inmóviles junto a la orilla y atrapan el primer pez que se les pone a tiro, existe una especie, la garcilla verdosa, que usa un cebo para atraer los peces hasta su pico. El siguiente esquema muestra el modo en que la garcilla verdosa —que suele ser más azul que verde— utiliza el engaño para atraer sus presas.

La garcilla aprovecha como cebo todo lo que encuentra, toda vez que los peces resultan atraídos más por el movimiento de la superficie del agua que por el objeto que lo provoca. Algunos de los más usuales son hojas secas, lombrices o trozos de plástico. Se ha observado que, cuando la garcilla no dispone de cebos adecuados, es capaz de romper el extremo de una rama y utilizarlo como tal. Únicamente esta especie de garza utiliza cebos, no se conoce ningún otro ejemplo de semejante conducta en la familia.

La espera. Usando una hoja seca como cebo, una garcilla verdosa espera posada en una piedra a que se acerque algún pez.

Algunos cebos utilizados por la garcilla verdosa
- Hoja
- Semilla
- Insecto
- Pluma
- Rama rota

La preparación de la trampa. Cuando pasa el pez, la garcilla deja caer el cebo al agua. El pez se acerca atraído por el chapoteo.

La captura. De repente, la garcilla atrapa el pez más próximo. A continuación, el ave levanta la cabeza, da la vuelta al pez y se lo traga empezando por la cabeza.

Sujetando un cebo con el pico, esta garcilla verdosa espera a los peces en aguas someras.

¿Cómo caza la lechuza en la oscuridad?

Un bocado a medianoche. Una lechuza vuelve a su nido llevando consigo un ratón.

La lechuza, que caza de noche y a menudo en total oscuridad, es capaz de localizar y capturar sus presas guiándose únicamente por el sonido. Su oído extraordinariamente desarrollado le permite localizar el origen de cualquier ruido con la mayor precisión. Las rapaces nocturnas que también cazan con luz diurna tienen ojos grandes y una vista aguda. Las que cazan durante el crepúsculo o en plena noche tienen unos ojos especialmente sensibles capaces de percibir mínimas intensidades de luz, así como un oído muy fino. Pero la única especie que caza orientándose únicamente por el sonido es la lechuza. Y, en comparación con otros animales terrestres que también persiguen a sus presas guiándose por el sonido, la lechuza es la que presenta el sentido del oído más especializado. Oye incluso el sonido más sutil: desde los pasos de un ratón a la caída de una hoja; y, lo que es más importante, ese finísimo oído le indica con toda exactitud de dónde procede el ruido.

El rostro cubierto de plumas de la lechuza

Una capa de plumas suaves y finas, en el rostro redondeado de la lechuza, protege y tapa los oídos, que están situados en posición frontal, al lado de los grandes ojos.

El oído especializado de la lechuza

Por debajo de la capa exterior de plumas se hallan los dos orificios auditivos de la lechuza, formados por plumas más duras que reflejan el sonido y lo conducen hacia el oído interno. El oído derecho está inclinado hacia arriba y el izquierdo hacia abajo, mientras que el orificio izquierdo (cubierto por una fina capa de piel y plumón) está situado ligeramente por encima del derecho.

Apuntando a la presa

Dejándose caer a través del aire de la noche, una lechuza sigue la pista de una ardilla situada en un árbol y de un ratón que está en el suelo. A causa de la disposición inclinada de los orificios auditivos (*abajo a la izquierda*), la lechuza oye mejor a la ardilla con su oído derecho y al ratón con el izquierdo. Cuando la lechuza gira en dirección a la procedencia del sonido está utilizando su sistema de localización por ondas sonoras.

El sonido llega con un ligero retraso a uno de los oídos con respecto al otro, lo que permite a la lechuza calibrar con precisión la distancia y la dirección.

Mientras se abate sobre el ratón, la lechuza inclina sus garras para sujetarlo mejor. Esta corrección se realiza también en la oscuridad, puesto que a la lechuza le basta con escuchar para saber en qué dirección avanza el ratón.

La captura de presas en movimiento

La lechuza que vuela en pos de un ratón (*derecha*) se guía por los ruidos que éste produce al intentar escapar. El ave debe saber si está volando hacia la derecha o la izquierda de su presa, así como la altura a que se encuentra. Mientras vuela, la lechuza se orienta por el sonido manteniendo en todo momento el rostro dirigido hacia el origen del mismo. De esta manera, puede oír en cualquier momento el ruido que produce el ratón y corregir su trayectoria de modo que le sea posible alcanzar el suelo y el ratón en el mismo punto e instante.

¿Cómo comen los cetáceos?

Los cetáceos cazan o pacen en el mar, en función del tipo de boca que posean. Los cetáceos con dientes persiguen, atacan y dan muerte a sus presas, y muchos de ellos se ayudan durante este proceso con algún tipo de ecolocalización. Los cetáceos que pacen son aquellos que, en lugar de dientes, tienen barbas o ballenas, un conjunto de placas de bordes filamentosos que actúan como un cedazo. Los cetáceos con barbas se llenan la boca de agua, la hacen pasar después entre las barbas y se tragan los pequeños animales y plantas que han quedado retenidos.

▲ **Yubarta.** Este cetáceo con barbas exhala burbujas a borbotones dirigidas hacia los cardúmenes de peces. Cuando éstos quedan rodeados por una muralla de burbujas, la yubarta engulle todo el cardumen de un bocado.

▶ **Cachalote.** Provisto de enormes dientes y de pulmones especialmente adaptados, el cachalote ataca un calamar gigante a casi mil metros de profundidad.

▼ **Orca.** Agrupadas en grupos familiares estables, las orcas trabajan en equipo para acorralar y dar muerte a sus presas. Suelen alimentarse de peces, aunque pueden atacar a otros animales marinos de mayor tamaño cuando los peces escasean.

◀ **Ballena gris.** Inclinada sobre uno de sus costados, esta ballena gris rasca el fondo del océano y arranca crustáceos y gusanos marinos. Para obtener estos invertebrados, filtra también bocanadas de agua con arena y sedimentos.

¿Cómo localizan los murciélagos a sus presas en plena noche?

En el siglo XX, el hombre ha inventado el sonar, un sistema de ecolocalización basado en las ondas sonoras. Los murciélagos lo han usado desde hace milenios. Mientras vuelan, emiten sonidos de alta frecuencia, chillidos demasiado agudos para ser percibidos por el oído humano. El modo en que estos sonidos rebotan al tropezar con un objeto y vuelven hasta su oído es lo que les permite trazar la trayectoria de su vuelo en la oscuridad.

Los murciélagos, animales de sangre caliente cubiertos de pelo, son los únicos mamíferos capaces de volar. Algunos se alimentan de fruta y otros son pescadores, pero la mayoría se dedican a atrapar insectos voladores, como el murciélago de herradura que aparece representado en estas páginas. Una colonia numerosa de murciélagos es capaz de devorar unos 250.000 Kg de insectos en una noche, ayudando así a mantener el nivel de las poblaciones de mosquitos y otros insectos perjudiciales.

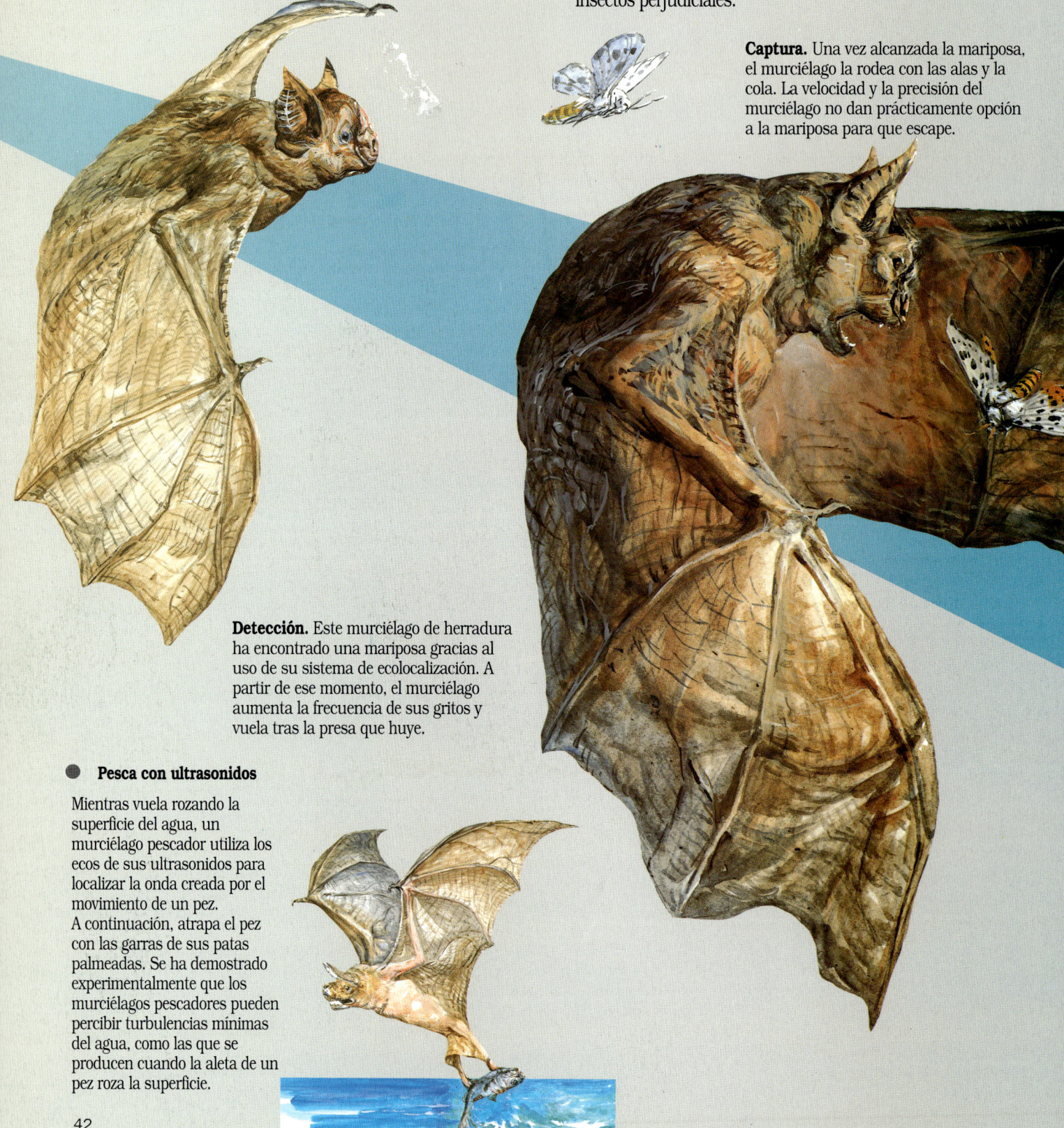

Captura. Una vez alcanzada la mariposa, el murciélago la rodea con las alas y la cola. La velocidad y la precisión del murciélago no dan prácticamente opción a la mariposa para que escape.

Detección. Este murciélago de herradura ha encontrado una mariposa gracias al uso de su sistema de ecolocalización. A partir de ese momento, el murciélago aumenta la frecuencia de sus gritos y vuela tras la presa que huye.

● **Pesca con ultrasonidos**

Mientras vuela rozando la superficie del agua, un murciélago pescador utiliza los ecos de sus ultrasonidos para localizar la onda creada por el movimiento de un pez. A continuación, atrapa el pez con las garras de sus patas palmeadas. Se ha demostrado experimentalmente que los murciélagos pescadores pueden percibir turbulencias mínimas del agua, como las que se producen cuando la aleta de un pez roza la superficie.

La utilización del eco

Un murciélago en vuelo emite normalmente entre 5 y 20 ultrasonidos por segundo. Sin embargo, cuando encuentra una presa aumenta el número de sonidos —tal vez hasta 100 por segundo— comprobando con cada uno de ellos la posición de la víctima. Si el murciélago se acerca a la presa, por ejemplo a esta mariposa, el tiempo transcurrido entre la emisión y su eco se abrevia. Si la distancia entre el murciélago y la mariposa aumenta, también lo hace el intervalo entre la emisión y el eco. De esta manera, el murciélago puede saber en qué dirección se mueve la mariposa.

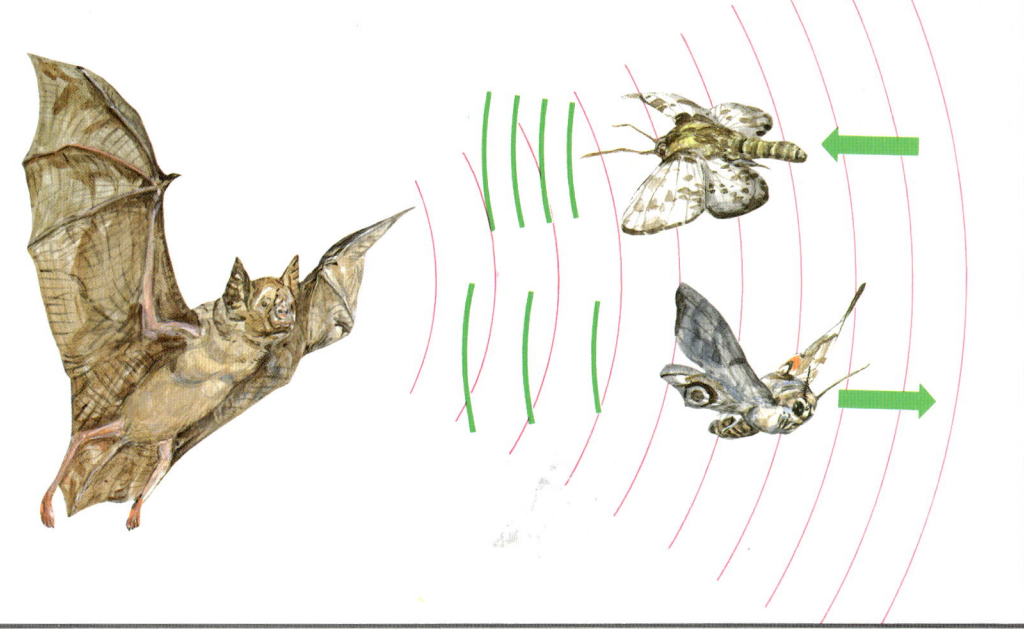

Ingestión. El murciélago atrapa la mariposa con la boca y la devora de una vez, para seguir volando en busca de más comida. Detección, persecución, captura e ingestión forman una secuencia que se repite muchas veces a lo largo de la noche.

¿Cómo caza una manada de lobos?

Los lobos, los miembros de mayor tamaño de la familia de los perros, dan caza a algunos de los mayores representantes de la familia de los ciervos. Las manadas de lobos están estrictamente organizadas y los individuos que las componen ordenados por su edad y sexo. El macho más fuerte es el dominante y, como líder del grupo, su categoría es reconocida como superior por sus compañeros. Generalmente, los individuos más viejos tienen una categoría superior a los jóvenes.

Para poder cazar animales de tamaño suficiente para alimentar a toda la manada, es preciso actuar como un equipo, reduciendo al mínimo la cantidad de conflictos en el seno del grupo. Mientras que los lobos más viejos y experimentados dirigen la cacería, los más jóvenes y menos expertos se limitan a observar y aprender. Cada miembro de la manada desempeña su papel en la cacería y todos comen de la presa obtenida.

Así abaten los lobos a sus presas

Los lobos suelen iniciar sus cacerías corriendo con el líder del grupo al frente. En cuanto perciben el olor de una presa —aquí, un alce— la manada la acecha atentamente, juzgando en unos instantes si se trata de una presa fácil de cobrar. Un alce vigoroso se revolverá poniendo un árbol a su espalda y haciendo frente a los lobos que se le aproximen. Los lobos, que saben por experiencia el peligroso gasto de tiempo y energía que supone atacar una presa de tales características, seguramente lo dejarán en paz. Pero si se trata de un alce débil —viejo, enfermo o muy joven—, intentará huir de la manada y será el escogido para la cacería. Infatigables y perseverantes en la persecución, los lobos de una manada pueden recorrer desde unos pocos kilómetros hasta 100 en una sola expedición de caza. Se han citado casos de hasta 200 km recorridos en un solo día.

Lo persiguen. El líder de la manada inicia la persecución, pero pronto otros lobos se van turnando en la cabeza del grupo, como en una carrera de relevos.

Lo detienen. Cuando la presa da muestras de cansancio, los lobos más jóvenes y decididos la obligan a detenerse mordiéndole en los costados y el hocico.

Lo abaten. Cuando el alce renuncia a huir, los lobos lo atacan. Una presa puede servir de alimento a la manada durante tres días.

Seis lobos atacan entre gruñidos a un alce que intenta cocearlos. Con un peso de 450 Kg, el alce sobrepasa en 10 veces el peso de cada lobo, pero éstos lo aventajan en número.

El código de conducta de los lobos

Para una manada de lobos, la supervivencia depende del trabajo en equipo. Una manada que dispute entre sí no podrá ponerse de acuerdo sobre dónde ir, dónde descansar o qué animal cazar, y una manada que no consiga cazar con éxito no sobrevivirá. Para evitar disputas, los lobos disponen de una estricta jerarquía que se expresa y reafirma a través de sus comportamientos de dominancia y sumisión.

Sumisión activa. Un macho no dominante muestra sumisión activa ante el líder (*arriba a la derecha*): con las orejas y la cola abatidas y los dientes visibles en una especie de sonrisa, lame suavemente el hocico del dominante.

Sumisión pasiva. Un lobo afirma su posición de superioridad sobre otro inclinándose sobre él (*abajo*). El lobo de inferior nivel jerárquico muestra su sumisión tendiéndose sobre su espalda y levantando las patas.

Un gesto de saludo. Cuando el dominante se le aproxima, otro macho de la manada rueda sobre su costado a los pies del líder para demostrarle que no tiene intención de desafiarlo.

¿Cómo utilizan los chimpancés algunos instrumentos?

Durante mucho tiempo se pensó que el hombre era el único animal que utilizaba herramientas. Pero en la década de 1960, algunos científicos descubrieron que los chimpancés usan bastones, piedras, hojas y otros objetos para procurarse comida y agua. En ocasiones introducen los bastones en termiteros u hormigueros subterráneos, esperan hasta que los insectos los han cubierto y después los extraen y se los comen. También usan hojas a manera de esponjas para conseguir agua, y piedras para abrir algunas semillas de gran dureza.

Investigadores de otras regiones del mundo han visto también a otros animales recogiendo instrumentos con la intención de utilizarlos para obtener comida o para investigar objetos poco familiares. Actualmente, los científicos definen al hombre como el único animal capaz de utilizar una herramienta para fabricar otra.

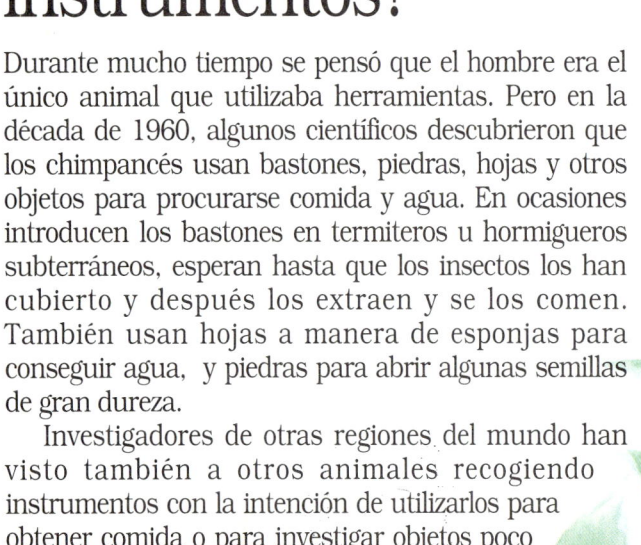

Algunos chimpancés utilizan piedras como las aquí representadas para abrir semillas.

Cascando nueces. Utilizando dos piedras, una como martillo y la otra como yunque, este chimpancé golpea las nueces para romper la cáscara y poder acceder a la parte comestible.

Herramientas hechas a mano. Los chimpancés desarrollan un rudimentario proceso de fabricación de herramientas, arrancando las hojas de una rama o pelando los bordes de una brizna grande de hierba. Suelen utilizar estos instrumentos para capturar insectos, investigar objetos desconocidos y, en ocasiones, para limpiarse los dientes.

Recogiendo agua. Con la ayuda de hojas masticadas hasta convertirlas en una masa esponjosa, los chimpancés consiguen absorber el agua situada en lugares de difícil acceso. Después, exprimen las hojas directamente en la boca.

Recolectando termitas. Un chimpancé introduce una rama en un termitero y después se come los insectos que aparecen sujetos a ella.

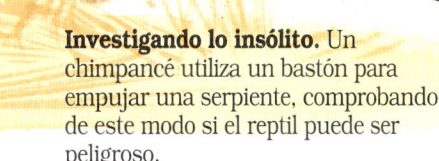

Investigando lo insólito. Un chimpancé utiliza un bastón para empujar una serpiente, comprobando de este modo si el reptil puede ser peligroso.

Otros animales que utilizan herramientas

El alimoche arroja piedras sobre los huevos de avestruz para romper su gruesa cáscara.

Algunos pinzones utilizan espinas de cactus para extraer insectos del tronco de los árboles.

Las nutrias marinas arrojan las orejas de mar y otros sabrosos moluscos contra las rocas para abrirlos.

¿Cómo capturan peces las anémonas?

Aunque parezcan hermosas flores que crecen en el fondo del mar, las anémonas son en realidad animales carnívoros que atrapan sus presas con unos llamativos tentáculos. Este animal marino se fija al fondo del mar a lo largo de la zona de mareas, allí donde las olas pueden arrastrar peces y crustáceos y ponerlos a su alcance. Entonces, la anémona inyecta en la presa, por ejemplo un pez, un veneno fabricado por unas células urticantes que recubren la punta de los tentáculos. En algunas anémonas, estas células son también pegajosas y sujetan la presa además de envenenarla. Una vez capturado, el pez es conducido hasta la amplia boca de la anémona y devorado.

Las células urticantes recubren los tentáculos y el intestino de las anémonas.

Arpones venenosos

En el interior de cada célula urticante, llamada cnidoblasto, existe una espina venenosa sujeta a un filamento enrollado. Cuando la presa la toca, el filamento se desenrolla y dispara la espina.

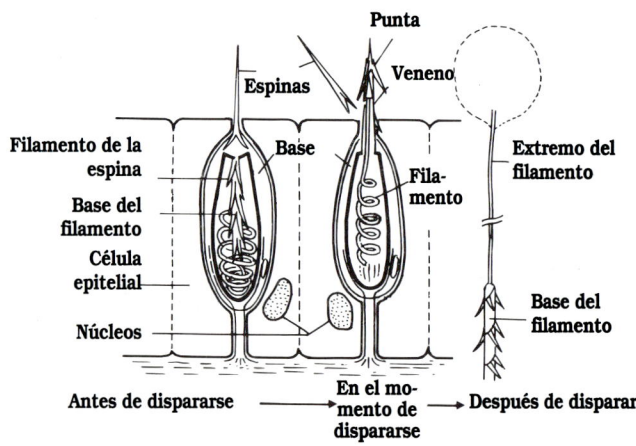

● La peligrosa hidra

Un pequeño pariente de la anémona, la hidra, es un organismo sencillo en forma de tubo con unos cuantos tentáculos alrededor de la boca. Igual que la anémona, su aspecto es engañosamente inofensivo, puesto que su cuerpo contiene también cnidoblastos con los cuales envenena a sus presas, larvas, pulgas de mar y otros minúsculos animales.

El cuerpo hueco de la hidra consta de dos capas de células.

2
Sistemas de defensa

Todos los animales tienen que comer y los depredadores, en concreto, tienen que comerse a otros animales. Para localizarlos y capturarlos se sirven de los órganos de los sentidos, muy desarrollados, y de armas adaptadas para el ataque; por ejemplo, una vista aguda, gran velocidad y garras o uñas de gran tamaño. Sin embargo, esto no significa que las presas se resignen dócilmente a ser capturadas. Los animales perseguidos se defienden de muchas maneras. Algunos huyen volando, o corriendo o se ocultan en madrigueras. Otros hacen justamente lo contrario: permanecen absolutamente inmóviles para confundirse con el entorno.

Uno de los métodos más eficaces de defensa ante los depredadores consiste en engañarlos imitando la apariencia de una planta o de un animal peligroso o venenoso. Así, algunos animales que viven en las regiones árticas cambian su aspecto en cada estación de acuerdo con los cambios del paisaje. Blancos en invierno y marrones en verano, este disfraz hace que sea muy difícil distinguirlos del fondo. Otros animales, a causa de su forma y color, se vuelven prácticamente invisibles cuando adoptan posturas que les ayudan a parecer hojas o ramas. La mariposa de la seda, representada abajo, utiliza otro método de defensa: una exhibición intimidatoria. Cuando se siente amenazada, abre sus alas de repente mostrando unos colores brillantes y unas grandes manchas que parecen ojos. Estos ojos, que simulan los de un gran depredador, son capaces de asustar a cualquier pájaro que pretenda atacarla.

La perdiz nival *(arriba)* cambia su plumaje en cada estación. Los catídidos, el fásmido de la India, los insectos en forma de hoja, la mariposa de la seda, la mantis que imita una rama y el sapo cornudo asiático *(abajo, de izquierda a derecha)* se protegen por medio del mimetismo, que les permite pasar inadvertidos, o bien asustando a los depredadores con sus colores de advertencia.

¿Por qué algunos animales imitan el entorno?

Algunos animales dependen de su disfraz para eludir a los depredadores. El camuflaje puede deberse a una coloración que armonice con el fondo o bien a una forma que se parezca a la de otro objeto. Cada uno de los 14 animales ocultos en este dibujo tiene una forma y unos colores que se confunden con los de las ramas, las hojas o el suelo del bosque. Pero colores y formas no son suficientes. Los depredadores son capaces de localizar inmediatamente a una posible presa en movimiento. Así pues, en cuanto un animal se mueva, probablemente será visto por el atacante. Por ello, los animales que tratan de pasar inadvertidos permanecen inmóviles cuando el depredador está cerca. Los animales representados en estas páginas están agrupados de forma supuesta. En realidad, todos ellos habitan diferentes regiones del mundo y no un mismo bosque.

① Saltamontes
② Catídido
③ Tritón pardo australiano
④
⑤ Insecto palo
⑥ Chotacabras
⑦ Sapo cornudo asiático
⑧ Catídido
⑨ Polilla real
⑩ Fásmido de la India
⑪ Mariposa en forma de hoja
⑫ Saltamontes
⑬ Catídido
 Catídido
⑭ Geómetra

¿Cuándo una abeja no es una abeja?

Existen algunas especies inofensivas de insectos que carecen de aguijón pero tienen un aspecto muy parecido al de las abejas, capaces de infligir una dolorosa picadura. Este disfraz sirve para proteger a tales imitadores de sus depredadores. Algunos experimentos han permitido demostrar que el mimetismo sólo funciona si el depredador se cree el engaño y sólo, también, si previamente ha aprendido a evitar a las abejas. El siguiente esquema muestra el modo en que un sapo aprende la lección.

1 Normalmente, los sapos atrapan todo lo que se mueve. Este sapo no ha sido víctima jamás de la picadura de un abejorro. Cuando ve a una mosca que imita el aspecto del abejorro, la captura inmediatamente.

2 El sapo ve un auténtico abejorro poco después. Puesto que nunca antes se había tropezado con uno, lo muerde y, al sentir la picadura, lo escupe.

Los insectos que pican y sus imitadores

Los animales que aparecían en las dos páginas anteriores estaban enmascarados de manera que resultasen casi invisibles para los depredadores. Algunos insectos, como los que pueden verse a la derecha, poseen colores brillantes que los destacan del entorno y, por ello, los depredadores los ven rápidamente. Incluso en tales circunstancias, sus disfraces conservan la función de engañar. Las abejas y avispas pican, y sus colores y la forma en que están dispuestos recuerdan a los depredadores que harán bien en dejarlos en paz. Algunos insectos inofensivos han evolucionado de tal modo que han adquirido coloraciones y aspectos que los asemejan a abejas y avispas. Estos insectos llegan incluso a producir zumbidos similares a los de las avispas y las abejas, con los cuales convencen a los depredadores más incrédulos. La unión de zumbidos, formas y disposición de los colores constituye un claro mensaje que los imitadores envían a sus posibles depredadores, y cuyo significado es "NO ME COMAS".

Un moscardón rayado *(arriba)* que se parece a una abeja.

4 **El sapo agacha** la cabeza habiendo aprendido una valiosa lección. A partir de este momento, el sapo ignorará a cualquier insecto que le recuerde a un abejorro. El mimetismo protector de la mosca funciona gracias a la forma y el color, pero también a la experiencia del propio sapo. Parafraseando el refrán, el sapo escaldado, del agua fría huye.

3 **Cuando un segundo abejorro** pasa volando cerca del sapo, éste lo ve pero no hace ningún intento de atraparlo.

Un escarabajo tigre *(arriba)* que imita a una avispa.

Una mariposa de alas transparentes *(arriba)* que se asemeja a una avispa.

¿Por qué cambian de color las ranas arborícolas?

Cuando una rana arborícola recibe el calor del sol es de color verde. La piel de la rana consta de dos capas, la epidermis y la dermis. Ésta contiene tres tipos de cromatóforos, es decir, células productoras de pigmentos: los xantóforos, que llevan pigmentos rojos y amarillos; los leucóforos, que contienen pequeños cristales en forma de adoquines planos, y los melanóforos, con pigmentos negros y pardos. Estas células absorben casi todos los colores de la luz, pero los adoquines apilados separan y reflejan el azul hacia el exterior haciéndolo pasar a través del pigmento amarillo de los xantóforos, con lo cual se produce el color verde.

La rana arborícola representada aquí, así como algunos otros anfibios, es capaz de cambiar de color para protegerse. La rana puede volverse verde cuando se para entre hojas verdes, o de un color marrón moteado cuando se desplaza entre hojas secas. Debido a esta coloración protectora, los depredadores tienen dificultades para localizar a la rana. Como ventaja secundaria, esta capacidad de cambiar de color no permite tampoco a las moscas, escarabajos y otras posibles presas ver a la rana hasta que ya es demasiado tarde para escapar de ella. Las ranas arborícolas regulan su temperatura corporal gracias también a estos cambios de color. En los atardeceres cálidos y secos, es fácil encontrar un lugar soleado donde descansar. La piel adquiere entonces un tono más claro y refleja la luz solar, con lo cual el organismo de la rana se refrigera. A medida que el ambiente va haciéndose más fresco y húmedo, la rana se oscurece y absorbe calor. Estos cambios de coloración están controlados por la glándula pituitaria, qe se halla incrustada en el cerebro. Esta glándula funciona como un termostato interno que envía mensajes químicos a determinadas células de la piel llamadas cromatóforos. Estas células actúan del modo que se ilustra en estas páginas.

Cuando la rana arborícola se enfría, los mensajes químicos de la pituitaria provocan la contracción de los leucóforos, la cual, a su vez, derriba las pilas de adoquines. Al mismo tiempo, el pigmento negro se extiende a través de la porción superior de los melanóforos, que envuelven a xantóforos y leucóforos. La luz ya no puede llegar hasta los adoquines, donde era reflejada. Y los pigmentos amarillos y negros se combinan para dar el color marrón.

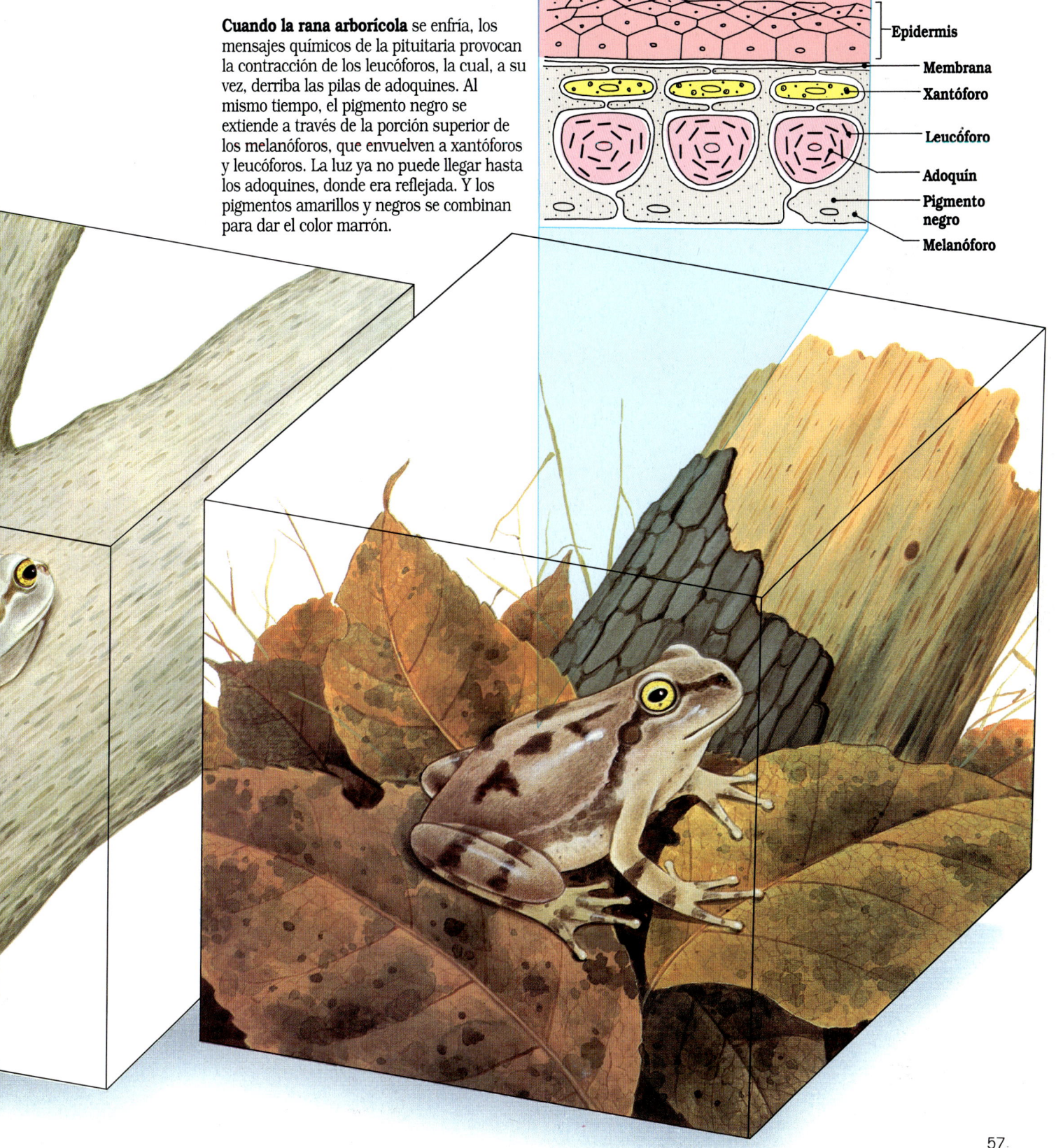

¿Por qué cambian de color algunos animales con las estaciones?

Invierno　　　　　　　　　　　　　　　　　　　　　**Primavera**

¿Reconocen las liebres las diferentes estaciones?

Hasta hace poco tiempo, los investigadores estaban convencidos de que el cambio de color del pelaje de la liebre ártica era desencadenado por los cambios estacionales. Actualmente, ha quedado demostrado que esa teoría estaba equivocada. A lo largo de una prueba de laboratorio que duró todo un año, varias liebres blancas estuvieron viviendo en conejeras cuyas paredes interiores habían sido pintadas de blanco para imitar la nieve. Otro grupo de liebres vivió en conejeras de paredes marrones, el color de su hábitat estival. La luz se mantuvo encendida sólo durante 10 horas cada "día", y el aire era refrigerado o calentado para que su temperatura correspondiese en todo momento a la de las regiones árticas. Los resultados fueron una sorpresa: todas las liebres se mantuvieron blancas, independientemente de las condiciones en que habían vivido *(a la derecha, abajo)*. En libertad, las liebres árticas empezaron a volverse marrones hacia finales de febrero *(a la derecha, arriba)*.

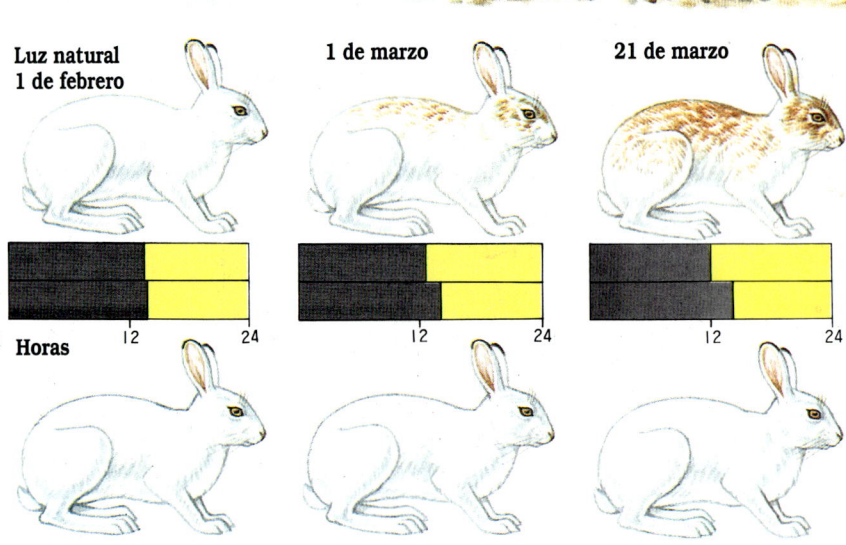

Algunos animales que habitan las regiones árticas tienen cubiertas miméticas diferentes para el invierno y para el verano. En invierno, su color blanco les permite fundirse con el blanco paisaje nevado. Cuando llega la primavera y empiezan a aparecer manchas oscuras de tierra entre la nieve que se funde, las cubiertas de estos animales empiezan a volverse marrones. En otoño, cambian otra vez al blanco.

Tanto si se trata de un ave como de un mamífero, el cambio de color precisa de una muda. Durante el periodo de muda, crece una nueva cubierta y la vieja se pierde. Perdices nivales, armiños y liebres árticas *(debajo, de arriba abajo)* aparecen con sus diferentes colores, los correspondientes a cada estación.

La cantidad de horas de luz influye sobre el cambio de color

En una segunda fase del mismo experimento, los investigadores introdujeron en las conejeras, a finales del verano, dos grupos de liebres árticas marrones. Mantuvieron el laboratorio a una temperatura cálida y constante. Uno de los grupos fue iluminado durante 14 horas diarias. El otro grupo recibió las mismas horas de luz que habría recibido de estar en su hábitat natural. Poco a poco, y a medida que los días artificiales se hacían más cortos, estas liebres empezaron a cambiar del marrón al blanco. Está claro, pues, que los graduales cambios de color de las liebres árticas son desencadenados por los equinoccios de primavera y otoño, los dos días del año que tienen exactamente 12 horas de luz y 12 de oscuridad.

¿Por qué dan saltos las gacelas?

Las gacelas saltarinas, y muchas otras especies de gacelas africanas, dan brincos de hasta tres metros de altura. Mientras permanecen suspendidas en el aire, las gacelas mantienen las patas rígidas, la cabeza baja y el lomo curvado.

Los investigadores no se ponen de acuerdo a la hora de explicar la razón de estos singulares brincos. Una teoría afirma que con ellos se trata de advertir a los guepardos u otros posibles depredadores de que ya han sido localizados. Otra teoría sostiene que los brincos de las gacelas son señales que utilizan para avisarse entre sí de que existe un peligro cerca. Mientras que otros, finalmente, creen que los animales saltan simplemente para poder observar mejor lo que sucede a su alrededor o, tal vez, que cada brinco podría responder a un motivo diferente.

Con el lomo arqueado, la cabeza baja, las pezuñas juntas, esta gacela saltarina brinca para advertir al resto del rebaño de que un guepardo permanece agazapado en las proximidades. Estos saltos podrían también servir de advertencia al guepardo, el cual, al verse descubierto, desistiría de seguir adelante con la cacería. La gacela saltarina que huye, a la izquierda del dibujo, proporciona otra señal de alarma al rebaño: la mancha blanca de sus cuartos traseros.

Otras señales de alarma

Los animales que viven en rebaños y que mantienen la cabeza baja mientras se alimentan necesitan protección para poder escabullirse de sus enemigos. Debido a que estos animales tienen los ojos colocados a los lados de la cabeza pueden ver lo que ocurre a su alrededor incluso mientras están comiendo. Pero no es ésta su única protección. Cuando todo el rebaño está pastando, los animales se van turnando en alzar la cabeza y echar una mirada. Si algún miembro del rebaño ve u olfatea algo sospechoso, eriza el pelaje blanco de sus cuartos traseros advirtiendo en silencio del peligro. Cuando uno de los animales huye, el resto del rebaño lo sigue. Las manchas blancas en la grupa ayudan a los animales en cabeza a guiar al resto del grupo.

El ciervo de Virginia, de América del Norte, levanta la cola y eriza el pelo de su grupa cuando percibe un peligro. Esta mancha blanca constituye una señal muy visible.

El berrendo vive en las praderas norteamericanas. Es el antílope con unas marcas claras más diferenciadas para avisar de cualquier peligro.

¿Por qué hacen ruido las serpientes de cascabel?

El sonido característico de las serpientes de cascabel es parte de su sistema de defensa contra los atacantes. Cuando se sienten amenazadas, las serpientes levantan la cabeza y agitan la cola con rapidez. El ruido producido sorprende al agresor y da a la serpiente el tiempo suficiente para escapar y evitar la lucha. El ruido puede servir también para desviar el primer ataque del enemigo hacia la cola en lugar de la cabeza. Cuando una serpiente de cascabel ataca una presa, levanta la cola pero no hace sonar el cascabel.

Comportamiento defensivo

Muchas serpientes, tanto las venenosas como las que no lo son, están protegidas por su aspecto amenazador. Algunas serpientes inofensivas presentan dibujos similares a los de algunas venenosas y es por esta razón que sus enemigos las dejan en paz. Cuando una de estas serpientes inofensivas ensancha la cabeza se parece a una víbora. Las serpientes venenosas avisan por medio de un sonido o de una postura especial.

La gariba, una serpiente venenosa del suroeste asiático, frota una contra otra sus escamas dentadas para producir un sonido de advertencia.

La cobra real del sureste asiático levanta la cabeza como amenaza y ensancha el cuello. Una cobra real puede alcanzar los 5,5 metros y puede levantar una cuarta parte del cuerpo en esta postura amenazadora.

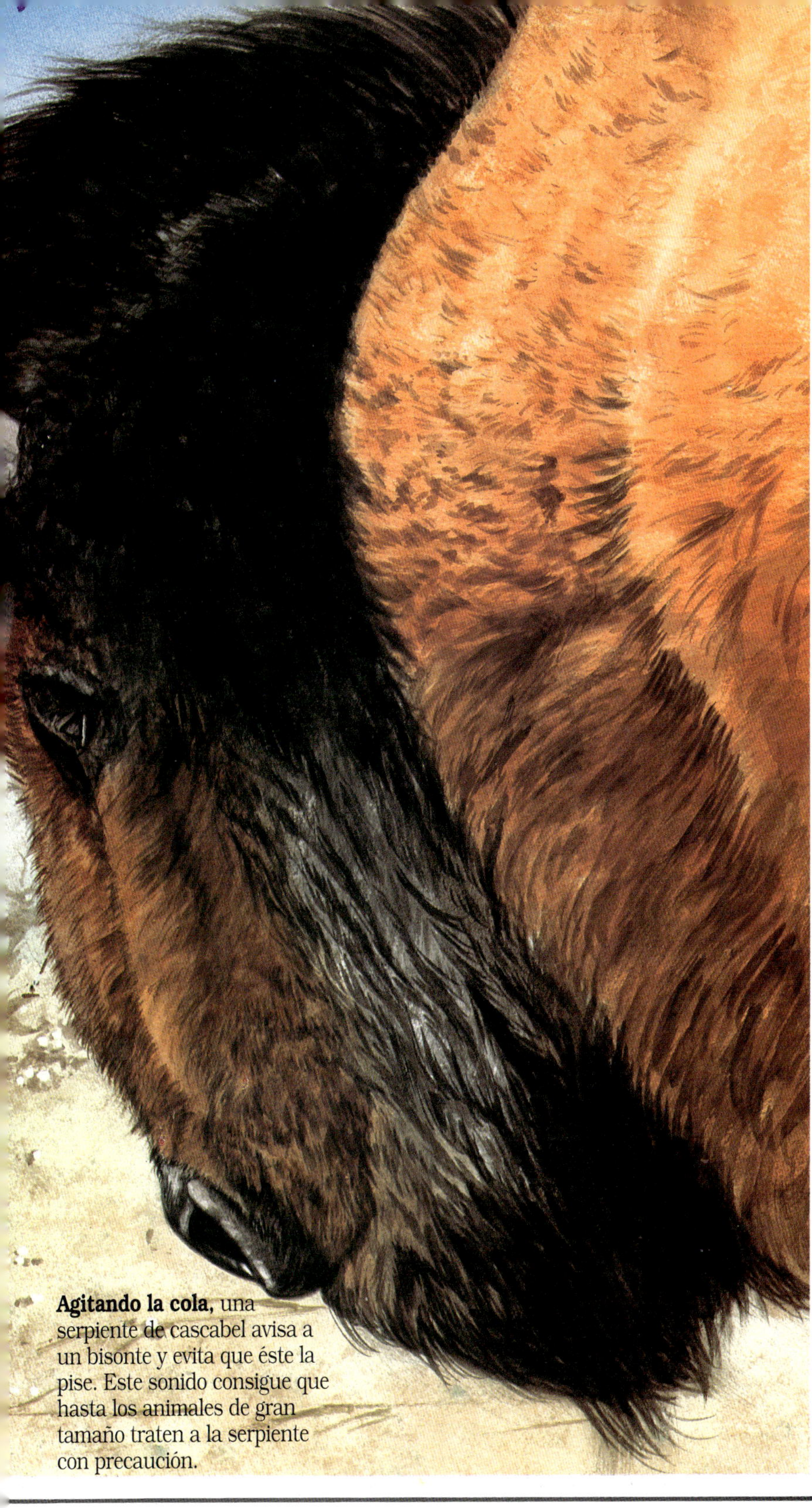

Un cascabel de escamas

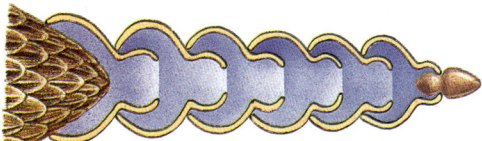

El cascabel de las serpientes de este nombre, situado en el extremo de la cola, está formado por grandes escamas huecas que entrechocan entre sí produciendo ruido cada vez que la serpiente mueve la cola. Estas peculiares escamas son las únicas en todo el cuerpo que no se desprenden cuando la serpiente cambia la piel durante la muda. En cada ocasión que la serpiente muda pueden añadirse más anillos al cascabel.

El crecimiento de la cola de una serpiente de cascabel

Una joven serpiente de cascabel abandona la piel, que se le ha quedado pequeña.

A diferencia de la mayoría de las serpientes, las de cascabel no ponen huevos. Dan a luz pequeñas serpientes vivas. Una serpiente recién nacida carece todavía de cascabel, pero a medida que crece y va mudando la piel, se desarrolla. Una serpiente de cascabel puede cambiar de piel muchas veces al año; al contrario de lo que afirma la creencia popular, el número de escamas del cascabel no indica su edad.

Agitando la cola, una serpiente de cascabel avisa a un bisonte y evita que éste la pise. Este sonido consigue que hasta los animales de gran tamaño traten a la serpiente con precaución.

El bumslang del suroeste de África hincha la garganta para asustar al agresor cuando se siente amenazado. Si hincha todo el cuerpo puede llegar a doblar su propio tamaño. Los colmillos, situados en la parte posterior de la boca, liberan un veneno mortal.

Las culebras del fango norteamericanas son capaces de sorprender a su atacante clavándole el extremo puntiagudo de la cola. Después, estas inofensivas culebras aprovechan para escapar.

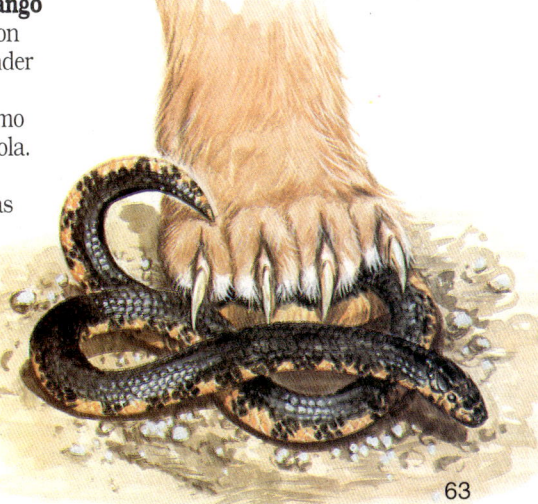

¿Para qué sirven las manchas en forma de ojo?

Muchos animales presentan en algún lugar de su cuerpo manchas o dibujos que recuerdan la forma de un ojo, aunque suelen mantenerlos ocultos. Cuando se sienten amenazados, los exponen bruscamente. La sorpresa del asustado agresor puede proporcionar al propietario de las manchas el tiempo suficiente para huir.

Otros animales tienen estas manchas en forma de ojo cerca del extremo posterior del cuerpo, de manera que esta región parece en realidad la cabeza. Los depredadores atacan a este animal convencidos de que huirá en una determinada dirección, pero en lugar de eso lo hace justamente en sentido contrario.

Cuando se siente amenazada, la mariposa luna abre de golpe las alas traseras y deja al descubierto los ojos. El sorprendido pájaro puede huir volando o quedarse tan confundido como para que la mariposa tenga tiempo de escapar.

Manchas en forma de ojo para disuadir a los depredadores

La oruga de esta mariposa malaya retuerce su cuerpo para poner al descubierto los ocelos que confundirán a los agresores.

Para un pájaro, esto puede ser la cabeza de una serpiente. En realidad, se trata de la cola de la larva de una mariposa, con grandes manchas en forma de ojo.

¿Engañan las manchas en forma de ojo a los pájaros?

Para comprobar si tales manchas asustan realmente a los pájaros, un investigador llevó a cabo un experimento consistente en colocar unos gusanos en una caja especialmente preparada. Cuando un pájaro se acercaba para atrapar un gusano, el investigador encendía una luz situada dentro de la caja e iluminaba una de las figuras dibujadas a la derecha. Descubrió que los pájaros se alarmaban más ante las figuras circulares que ante la cruz o el signo de igual. Y de todos los círculos, los que más asustaban al pájaro eran los que semejaban ojos abiertos y de mirada fija. Este experimento apoya la teoría de que las manchas en forma de ojo asustan a los depredadores.

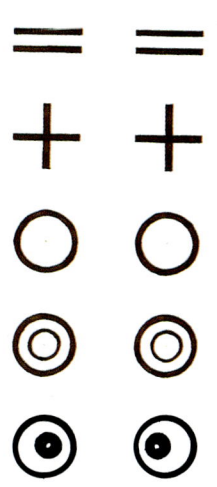

Una mosca linterna, cuya cola parece la cabeza, escapa en la dirección opuesta a la esperada por el depredador.

Manchas en forma de ojo que ayudan a huir

Un pájaro parece haber errado el ataque dirigido a una de las manchas en forma de ojo de esta mariposa de banda curva.

El pez mariposa huye cuando un depredador ataca la brillante mancha en forma de ojo de la cola en lugar del ojo auténtico.

Las manchas blancas en forma de ojo en el extremo de la cola de esta mariposa hacen que parezca la cabeza.

¿Por qué son tan llamativas las ranas venenosas?

Algunas ranas que habitan América Central y del Sur segregan a través de su piel un veneno tan mortífero que los indios de Colombia lo utilizan para envenenar las puntas de sus flechas. Por esta causa, tales ranas son conocidas como "ranas veneno de flecha", y su espectacular colorido es de gran utilidad tanto para ellas mismas como para sus eventuales depredadores.

Los depredadores aprenden en seguida que estas ranas tan llamativas tienen un sabor terrible. El color protege así a las ranas de los futuros ataques de los depredadores, puesto que los avisa para que se mantengan a distancia de un alimento que siempre resulta amargo y, en ocasiones, fatal. Los colores llamativos sirven de ayuda también a otros animales venenosos. Algunos de éstos muestran determinadas partes coloreadas de sus cuerpos para asustar a los agresores y después escapar.

Ranas vivamente coloreadas del género *Dendrobates*

Dendrobates pumilio

Dendrobates pumilio

Dendrobates pumilio

Dendrobates histrionicus

Dendrobates histrionicus

Dendrobates lehmanni

Dendrobates quinquevittatus

Dendrobates auratus

Dendrobates reticulatus

Un ave que atrape con su pico a una de estas ranas la escupirá de inmediato. El ave aprenderá a evitar en el futuro a este animal tan llamativo y de sabor tan repugnante.

Dendrobates pumilio

Dendrobates leucomelas

Dendrobates granuliferus

La postura de amenaza de un tritón

Algunos anfibios venenosos no llaman tanto la atención como las ranas veneno de flecha. Cuando se lo mira desde arriba, el dorso oscuro de este venenoso tritón de vientre rojo, por ejemplo, se confunde con el suelo. Pero cuando es atacado, el tritón adopta una extraña postura que deja al descubierto el colorido brillante de su parte ventral. El repentino estallido de color asusta al atacante o le advierte para que se mantenga a distancia de esta presa tan desagradable.

¿Por qué algunas mariposas inofensivas imitan a las venenosas?

Muchas especies de mariposas inofensivas engañan a los depredadores por su parecido con otras que son venenosas. Esta técnica de supervivencia, denominada mimetismo batesiano, se encuentra también en algunas moscas y mariposas que parecen avispas o abejas *(páginas 54-55)*.

Algunas mariposas son venenosas porque se alimentan de plantas venenosas cuando aún son orugas. El veneno permanece en sus organismos incluso después de haberse convertido en mariposas. Otras especies, en cambio, fabrican su propio veneno. Los depredadores que se coman una de ellas caerán enfermos y no volverán a atrapar otra igual, ni siquiera una especie inofensiva que se asemeje a una de las venenosas.

Pájaros y mariposas venenosas

Un pájaro joven e inexperto todavía no reconoce los colores y dibujos de las mariposas venenosas y, por lo tanto, es posible que atrape una y se la coma.

Después de tragarse la mariposa de sabor repugnante, el pájaro envenenado vomita, pero sobrevive.

El pájaro aprende de esta experiencia a no volver a comer esa determinada especie de mariposa. Incluso deja de capturar a otras mariposas que se la recuerden.

Mariposas peligrosas e inofensivas

Las mariposas representadas en la fila superior son venenosas. Las que aparecen debajo son inofensivas, pero sus colores y la forma en que están dispuestos recuerdan a las primeras. El naturalista y viajero inglés Henry Bates descubrió este tipo de mimetismo cuando se encontraba en Brasil alrededor de 1850.

Mariposa tigre venenosa

Mariposa cuervo venenosa

Especies miméticas no venenosas

Especies miméticas no venenosas

Izquierda: *Heliconius erato*

Dcrecha: *Heliconius melpomene*

El mimetismo entre las mariposas venenosas

En ocasiones, especies distintas de mariposas venenosas se parecen entre sí. Esto supone una ventaja para ellas, puesto que de esta manera los depredadores sólo tienen que aprender a evitar un modelo, en lugar de varios diferentes. Como resultado, cada especie recibe un menor número de ataques. En cada una de las parejas de mariposas que se representan debajo, la de la izquierda corresponde a una especie y la de la derecha a otra. A lo largo de Centroamérica y Suramérica, los miembros de ambas especies van variando sus colores y la disposición de los mismos, pero en todos los lugares ambas especies mantienen una enorme semejanza. Este fenómeno recibe el nombre de mimetismo mulleriano, en honor del naturalista alemán del siglo XIX Fritz Müller. Algunas especies de abejas y avispas presentan también esta clase de mimetismo.

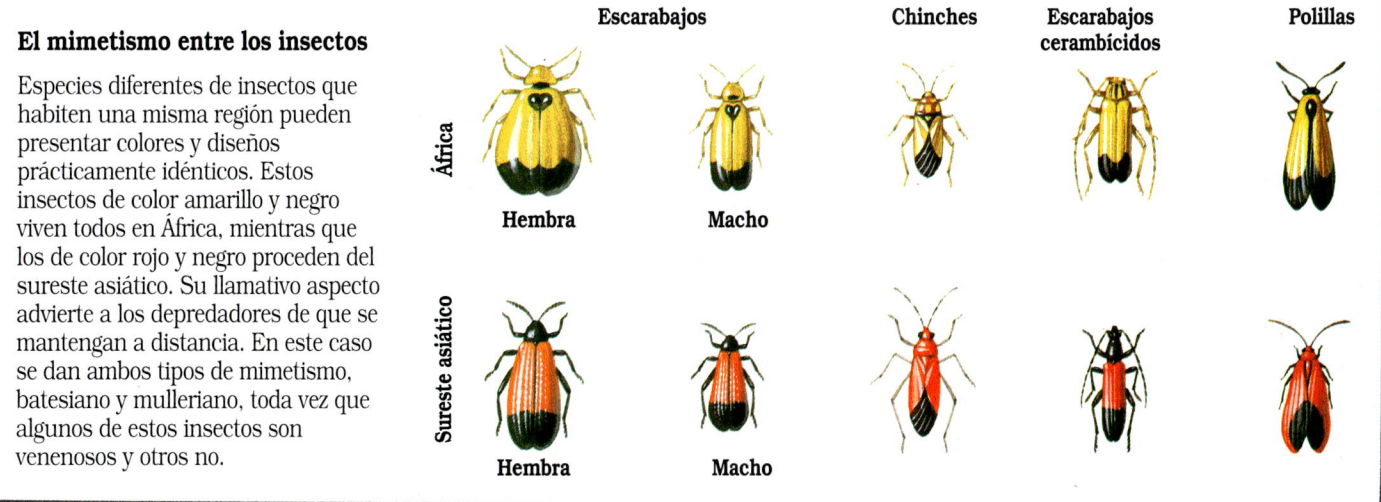

El mimetismo entre los insectos

Especies diferentes de insectos que habiten una misma región pueden presentar colores y diseños prácticamente idénticos. Estos insectos de color amarillo y negro viven todos en África, mientras que los de color rojo y negro proceden del sureste asiático. Su llamativo aspecto advierte a los depredadores de que se mantengan a distancia. En este caso se dan ambos tipos de mimetismo, batesiano y mulleriano, toda vez que algunos de estos insectos son venenosos y otros no.

¿Por qué está a salvo el pez payaso entre las anémonas?

Las anémonas son animales carnívoros. Capturan sus presas, principalmente crustáceos y peces, paralizándolas con los tentáculos, que están provistos de unas células urticantes. Cuando han atrapado un pez, lo transportan hasta la boca con los tentáculos y lo devoran. Pero el pez payaso vive totalmente seguro entre los tentáculos de las anémonas, en un conocido ejemplo del tipo de simbiosis denominada mutualismo, aquélla en que ambas especies salen beneficiadas.

El pez payaso no nace inmunizado contra las picaduras de la anémona, sino que va desarrollando su resistencia progresivamente. Cuando se acerca a una anémona por primera vez, toca cuidadosamente los tentáculos con la cola o las aletas y, a continuación, las retira con rapidez. Después de una hora de repetidos contactos, consigue que una capa de mucus de la anémona haya quedado adherida a su propia cubierta mucosa. A partir de entonces, cuando los tentáculos de la anémona toquen al pez no recibirán el estímulo para inyectar su veneno.

Capa mucosa de protección

La vida del pez payaso

La hembra pone los huevos sobre una roca cerca de una anémona. El macho los cuida mientras la hembra vigila la zona.

Una semana después, los huevos eclosionan y los pequeños ascienden a la superficie, donde empiezan a nadar en todas direcciones.

El pez payaso protege a la anémona, puesto que pone en fuga a los peces mariposa que suelen mordisquear las partes de los tentáculos que no llevan células urticantes. Gracias a su brillante colorido, el pez payaso atrae presas hacia la anémona, con la cual comparte después las capturas.

La anémona protege al pez payaso de los depredadores. El pez payaso devuelve el favor a la anémona limpiándola de arena y restos de comida y separando los tentáculos, permitiendo así que la luz del sol llegue hasta las algas y plantas marinas que servirán también de alimento a la anémona.

Al cabo de siete días, los jóvenes desarrollan una cubierta mucosa, una coloración vistosa y nadan hacia el fondo en busca de una anémona.

Atraídos probablemente por una sustancia química liberada por la anémona, los jóvenes inician su vida entre los tentáculos.

¿Cómo pueden planear los animales sin alas?

Algunos animales que viven en las copas de los árboles son capaces de desplazarse con rapidez de un lugar a otro planeando. En tierra carecen de toda agilidad y resultan una presa fácil. Pero una vez en el aire pueden controlar su vuelo, hacer giros para evitar chocar con las ramas y aterrizar en el lugar escogido.

Estos animales, a los que se califica de voladores, tienen unas extremidades adaptadas a funcionar como paracaídas o alas. Cuando planean, modifican su forma hasta convertirlas en expansiones aerodinámicas. En realidad no vuelan, pero sí consiguen planear en un largo y progresivo descenso en lugar de caer libremente.

Un colugo. Con la mayor expansión cutánea de todos los mamíferos, este animal es capaz de planear una distancia de 90 metros.

Un dragón volador o lagarto volador. Original del sureste asiático, este reptil habita en los árboles. Es capaz de estirar sus largas costillas hacia fuera para mantener abierta una expansión de piel a ambos lados del cuerpo. Esta piel actúa a modo de alas y permite al lagarto escapar planeando de sus depredadores.

Un geco volador. Una membrana que se extiende a ambos lados del cuerpo, la cola aplanada y las membranas interdigitales permiten planear a este geco.

Una rana voladora. Cuando una rana voladora salta de un árbol a otro, las anchas membranas interdigitales actúan como un paracaídas que amortigua su caída.

La ardilla voladora gigante

La ardilla voladora gigante posee una cola excepcionalmente tupida y una membrana que se extiende entre sus patas. La ardilla voladora trepa a lo alto de un árbol y una vez allí despega y se desplaza hasta un punto más bajo de un árbol cercano. En ocasiones llega a planear distancias de 100 metros o más. Dirige su trayectoria inclinando uno u otro de sus hombros y moviendo la cola como si fuese un timón. Cuando se dispone a aterrizar levanta el cuerpo y la cola para disminuir la velocidad. La ardilla repite esta operación de trepar y planear una y otra vez hasta que alcanza su lugar de destino.

¿Por qué nadan los peces en bancos?

Muchas especies diferentes de peces tienen la costumbre de desplazarse en grandes grupos, llamados bancos, para protegerse. Un pequeño pez que forme parte de un gran grupo ve reducirse así la probabilidad de ser comido. Puesto que muchos peces vigilan al mismo tiempo, lo más probable es que un depredador sea localizado antes que si el pez estuviese solo.

Otra razón para formar bancos podría estar relacionada con la búsqueda del alimento. Un banco, con su enorme cantidad de ojos, puede hallar la comida con mayor facilidad que un pez solitario. Y el banco tiene también más probabilidades de capturarla que un individuo aislado.

Los peces que forman bancos son más lentos que los depredadores, pero pueden iniciar el movimiento y cambiar de dirección con mucha mayor rapidez. Cuando un banco es atacado, sus miembros huyen con la celeridad de un relámpago, dividiendo el grupo y reuniéndolo después por detrás del depredador.

Un depredador se dirige hacia un banco. Los pequeños peces se dispersan rápidamente. Debido al movimiento y la confusión, el agresor suele ser incapaz de fijar su atención en un pez determinado y atacarlo antes de que todos se le escapen. Si uno de los peces se separa del grupo, el depredador contará con grandes probabilidades de atraparlo.

Un banco de pequeños peces descubierto por un depredador nada agrupado para intentar escapar, pero por lo general no pueden nadar tan deprisa como el atacante. Su defensa radica en la agilidad y no en la velocidad.

Nadar solo o en grupo

La visibilidad bajo el agua es reducida y los depredadores sólo pueden localizar a sus presas desde una determinada distancia (indicada por los círculos). Si seis peces viven separados, la probabilidad que tiene el depredador de encontrar al menos a uno de ellos es bastante alta. Si están juntos, la probabilidad de descubrir al grupo disminuye; además, en el caso de que lo encuentre, la probabilidad de cada uno de los peces de ser capturado es sólo de una entre seis. La probabilidad de escapar aumenta en la medida en que aumenta el número de peces que forma el banco.

¿Cómo encuentran sus conchas los cangrejos ermitaños?

Los cangrejos ermitaños viven dentro de conchas vacías de gasterópodos, caracoles cuya concha consta de una sola pieza. Cuando el cangrejo ermitaño crece tanto que la concha se le hace pequeña o bien ésta se debilita, se busca otra. A veces, el cangrejo encuentra otra concha ya vacía. Pero lo más normal es que ataque a otro cangrejo ermitaño y le arrebate la suya. El cangrejo robado pasa entonces a ocupar la concha abandonada por el agresor. En ocasiones, el cangrejo ataca a otro animal; un caracol, por ejemplo. En ese caso, una vez que éste ha sido extraído de su concha suele ser devorado por el cangrejo.

Habiendo encontrado una concha mayor que la suya, el cangrejo ermitaño invasor sujeta las pinzas del ocupante y lo arrastra fuera de su hogar.

Conquista de una concha

No resulta fácil desalojar a un cangrejo ermitaño de su concha. Cuando se siente amenazado, se repliega hacia el interior y se mantiene allí firmemente sujeto. Pero un cangrejo sabe cómo hacer salir a otro. Hace chocar su concha contra la del rival. Esto molesta al agredido hasta el punto que, en ocasiones, eso es suficiente para hacerle abandonar la concha. Otras veces, se limita a asomar la cabeza, y es entonces cuando el atacante estira de ella hasta hacerlo salir por completo. Normalmente, el perdedor se traslada a la concha abandonada por el agresor. Ésta puede ser del tamaño apropiado para él, pero si no es así, busca otra nueva. Debe hacerlo deprisa. Sin la concha, un cangrejo ermitaño es presa fácil para cualquier pez hambriento.

Un invasor golpea una concha mayor que la suya, molestando al cangrejo que vive en ella.

Utilizando la fuerte pinza, el invasor expulsa a la víctima de su concha.

Dos cangrejos ermitaños obligan a un molusco a salir de su concha. Después, lucharán entre sí por la concha vacía.

Un cangrejo ermitaño se cerciora de que cabrá en una concha vacía midiendo su anchura con las pinzas.

Las pequeñas extremidades en que termina su cuerpo y las patas del abdomen se encargan de sujetar la concha para mantener el cangrejo en su interior.

El invasor se muda. El desalojado se queda con la vieja casa del atacante.

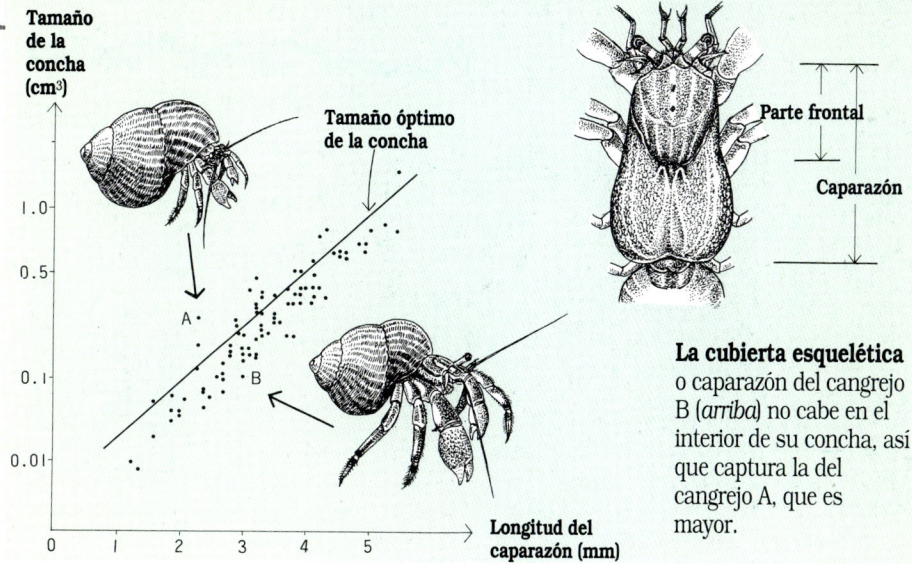

La cubierta esquelética o caparazón del cangrejo B (*arriba*) no cabe en el interior de su concha, así que captura la del cangrejo A, que es mayor.

¿Por qué cargan con anémonas los cangrejos ermitaños?

Los cangrejos ermitaños suelen ocultarse de sus enemigos replegándose en el interior de la concha. Pero ni siquiera la concha es suficiente protección ante algunos animales hambrientos; los pulpos, por ejemplo. Para protegerse de ellos y de otros depredadores, algunos cangrejos llevan anémonas sobre su concha. Éstas, con sus tentáculos urticantes, ofrecen protección al ermitaño ante cualquier otro animal que pretenda atacarlo.

Esta relación, un ejemplo de simbiosis beneficiosa para ambas especies, resulta de gran utilidad también para la anémona. Normalmente, una anémona se fija a una roca o concha y permanece inmóvil. Pero cuando un cangrejo ermitaño se la coloca encima, la transporta a un lugar diferente cada día, facilitándole el acceso a una mayor cantidad de comida.

Un cangrejo ermitaño puede llevar varias anémonas al mismo tiempo, a veces hasta siete u ocho.

Un cangrejo con anémonas pasa tranquilamente por delante de un pulpo. El depredador ha aprendido, gracias a alguna dolorosa experiencia, que no debe tocar los tentáculos urticantes de las anémonas.

Sin una anémona, el ermitaño queda indefenso ante el abrazo de un pulpo. Su boca es capaz de pulverizar la concha del cangrejo.

El traslado de la anémona

Cuando la concha se le queda pequeña, el cangrejo ermitaño se muda a otra. Si tenía anémonas sobre la vieja concha, se las lleva también consigo. Cualquiera que intente arrancar una anémona de la concha de un cangrejo se dará cuenta de que no es fácil. Las anémonas se sujetan firmemente a sus soportes gracias a unos discos de succión que poseen en la base. Cualquier intento de trasladar una anémona a la fuerza provoca que ésta se contraiga hasta convertirse en una masa compacta que resulta imposible mover. Sin embargo, el cangrejo le da un suave masaje con sus pinzas hasta que la anémona se relaja, se afloja y se libera de su sujeción. A continuación, el cangrejo la separa de la vieja concha y la transporta con sus pinzas hasta la nueva.

Seguro dentro de su nueva concha, el cangrejo empuja a la anémona hasta que ésta se suelta de la vieja. El cangrejo no resulta afectado por el veneno de los tentáculos de la anémona.

▼ **El cangrejo ermitaño** cierra la entrada de su concha con la gran pinza. La anémona sirve de protección adicional.

◄ **Levantándose por encima** del cangrejo, la anémona puede crecer hasta llegar a cubrir la concha por completo.

Si la anémona ha sido colocada en posición invertida, ella misma se da la vuelta, se desplaza hasta encontrar una buena posición y después se sujeta firmemente.

Manteniéndola sujeta con las pinzas, el cangrejo coloca la anémona sobre su nueva concha. A veces, la anémona puede quedar del revés.

¿Por qué se rompe la cola de las lagartijas?

Muchas lagartijas son brillantes especialistas en el arte de escaparse. Cuando un depredador agarra la cola de una de estas lagartijas, como el eslizón pentalineado representado aquí, ésta se desprende del resto del cuerpo. Además, serpentea violentamente y distrae la atención del atacante el tiempo suficiente para que la lagartija pueda escabullirse.

Esta pérdida de la cola no causa ningún dolor a la lagartija, puesto que la rotura tiene lugar por un punto determinado adaptado para tal fin y por donde puede regenerarse. Cuando el agresor sujeta la cola, la lagartija contrae los músculos justo en este punto y la cola se rompe limpiamente. El atacante puede comerse el fragmento desprendido.

Tan pronto como la cola se desprende empieza a crecer la nueva. Una lagartija puede recuperar su cola tantas veces como le sea preciso. El proceso que da lugar a este nuevo crecimiento de determinadas partes del cuerpo recibe el nombre de regeneración.

La cola de una lagartija no se rompe por cualquier parte. Posee un punto en que los tejidos y el hueso se separan con facilidad.

Animales que regeneran partes de su cuerpo

Cangrejos, insectos palo y poliquetos son algunos de los muchos animales que se desprenden de ciertas partes de su cuerpo para defenderse de los ataques de sus enemigos. Para provocar el desprendimiento contraen simplemente la musculatura. Estos animales pueden desenvolverse bien sin estas partes de su cuerpo que han dejado atrás.

Si un cangrejo se halla en gran peligro y no puede escapar por otro medio, se desprenderá de una de sus pinzas para huir.

Delgado como una cerilla, el insecto palo no suele ser visto por sus enemigos, puesto que se confunde con la planta sobre la que está posado. Pero si es atrapado, puede deshacerse fácilmente de una de sus patas para escapar.

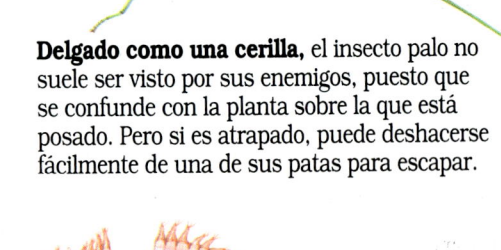

Algunos anélidos o gusanos anillados como los poliquetos también regeneran partes de su cuerpo. La zona que ha sido amputada crece hasta formar un nuevo gusano y, por lo tanto, en este caso, puede considerarse también una forma de reproducción.

La cola se rompe por un punto donde el hueso es frágil y se desprende sin dolor. Una vez ha caído, una fina y clara capa recubre el muñón y detiene la hemorragia. La cicatrización se inicia inmediatamente.

Una lagartija con la cola original intacta.

Una lagartija en pleno proceso de desarrollo de una cola nueva.

¿Cómo vuela un calamar?

Los calamares voladores pueden huir de sus enemigos con una velocidad superior a la de casi todos los demás animales marinos. Su cuerpo aerodinámico en forma de torpedo les permite nadar con facilidad y sin encontrar apenas resistencia. Haciendo pasar el agua a través de un embudo situado bajo el ojo (no es visible aquí), son capaces de propulsarse hacia arriba y fuera del agua a una velocidad de 55 kilómetros por hora. Se impulsan hacia arriba con tal fuerza que algunos calamares acaban sobre la cubierta de los barcos. No obstante, estos velocistas pueden también frenarse y avanzar a la velocidad de un caracol, sobre todo cuando pretenden sorprender a una presa.

Una vez en el aire, el calamar mantiene el rumbo gracias a la aleta en forma de punta de flecha que posee en un extremo del cuerpo. Esta aleta le ayuda a mantener el equilibrio. Los ocho tentáculos cortos y los dos largos que salen de la cabeza del calamar se despliegan a modo de alas. Los científicos opinan que el espacio que queda entre estos tentáculos extendidos está ocupado por una capa viscosa, con la cual se forma una superficie que ayuda al animal a ascender y a mantenerse en el aire.

El calamar aventaja también en otras cosas a sus depredadores. Tiene una visión excelente y localiza a un posible atacante desde una considerable distancia. Pero si un depredador se acerca demasiado, el calamar tiene un último recurso: libera un chorro de tinta negra y espesa en el agua que distrae a su atacante mientras él escapa con rapidez.

Disparado como un cohete fuera del agua para escapar de un depredador, el calamar volador puede recorrer una distancia de 45 metros o más en un solo vuelo.

El diseño del calamar volador

Al igual que el avión supersónico Concorde, el calamar volador presenta un diseño perfecto para despegar con rapidez. El calamar es impulsado hacia arriba por corrientes rápidas de agua y aire que circulan hacia atrás a lo largo de su cuerpo. Los tentáculos desplegados del calamar actúan como las alas en forma de delta del reactor y le proporcionan la fuerza de sustentación que precisa para mantenerse en el aire. A semejanza de la aleta trasera y el timón del avión, la aleta situada en el extremo del calamar se encarga de estabilizar el vuelo.

Un calamar adaptado al vuelo 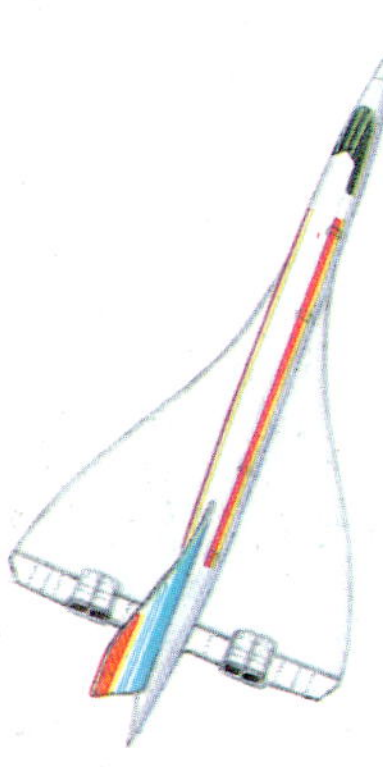   **El Concorde**

¿Cómo puede un chorlito ser más listo que un zorro?

El chorlito pertenece a una familia de aves limícolas conocidas por defender a sus pollos engañando a los depredadores. Cuando un zorro o cualquier otro enemigo se aproxima al nido, el chorlito se comporta como si estuviese herido. El depredador ve al adulto y lo sigue. Tan pronto como el enemigo ha sido desviado a una distancia prudencial del nido, el ave deja de fingir que está herida y levanta el vuelo.

Es fácil creer que los chorlitos simulan estar heridos a propósito para proteger así a sus pollos, pero los investigadores dudan que un ave piense de ese modo. Quizás sean los instintos los que controlan la situación y el chorlito quiera protegerse a sí mismo huyendo al mismo tiempo que también desea proteger sus huevos o sus pollos. Ninguno de estos dos instintos es más fuerte que el otro, de modo que el chorlito actúa de una forma confusa, y como consecuencia de ello engaña al depredador. Una vez que éste está ya demasiado lejos para ver el nido, el instinto de autoprotección del chorlito se hace más fuerte que el de proteger el nido y es entonces cuando el ave se aleja volando.

El chorlito observa a un zorro que busca comida peligrosamente próximo a su nido. Inmediatamente se levanta y se aleja lentamente de los pollos.

Otros animales que engañan

Las zarigüeyas y algunas serpientes y escarabajos son algunos de los muchos animales que utilizan la simulación para conseguir eludir las situaciones peligrosas. Muchos depredadores —felinos, lagartos y ranas, por ejemplo— atacan únicamente a animales vivos y en movimiento. Un animal inmóvil, que parezca muerto, suele librarse de los ataques. Si la presa permanece quieta el tiempo suficiente, el atacante puede ser incapaz de descubrirla. Incluso en el caso de que la vea, puede perder el interés por ella. Y, después, el farsante escapa rápidamente.

Una vez que el chorlito ha conducido al zorro lejos del nido, alza el vuelo de repente para ponerse a salvo. El zorro no llega a ver el nido y, por lo tanto, no sabe dónde está situado, de modo que los pollos están seguros.

A medida que se aleja del nido, el chorlito emite lastimeros sonidos, se encorva y sacude una de sus alas como si estuviese lesionada. Toda esta actividad capta la atención del zorro, que persigue al ave "herida".

Zarigüeya   Serpiente de hocico de cerdo   Escarabajo hocicudo

¿Por qué gobios y camarones comparten un mismo nido?

Varias especies de gobios y camarones viven en simbiosis, dependiendo ambos de esta relación para sobrevivir. Permanecen juntos cerca de un agujero que el camarón excava en la arena en aguas someras. Cuando se acerca un enemigo, el gobio, provisto de una excelente vista, lo localiza de inmediato y se esconde rápidamente en el nido del crustáceo. El movimiento del gobio advierte al camarón del peligro y éste lo sigue. El pez se beneficia del duro trabajo del crustáceo, que le proporciona un refugio ya construido. Pero también el crustáceo se beneficia de la relación. Puesto que su vista no es muy buena, depende del gobio para localizar a los atacantes. Asimismo, se alimenta de los restos de comida que deja el pez.

1 Atisbando el exterior desde su escondite en el agujero del camarón, el gobio vigila los alrededores. El crustáceo se mantiene permanentemente en contacto con él dejando reposar una de sus antenas sobre el cuerpo del pez.

Parejas de gobios y camarones

Al principio de su vida, los gobios buscan camarones jóvenes que estén empezando a excavar su nido. Si no consiguen encontrar uno en seguida, perecerán víctimas de los depredadores. En las regiones donde los gobios son más numerosos que los camarones, la competencia entre los peces por conseguir un agujero puede ser muy fiera. A veces, dos gobios comparten un solo agujero. Los biólogos han identificado más de 30 especies de gobios que mantienen una relación con diferentes tipos de camarones. Algunos de estos ejemplos aparecen a la derecha.

El gobio de la arena vive junto a un camarón.

Un gobio iridiscente en busca de comida.

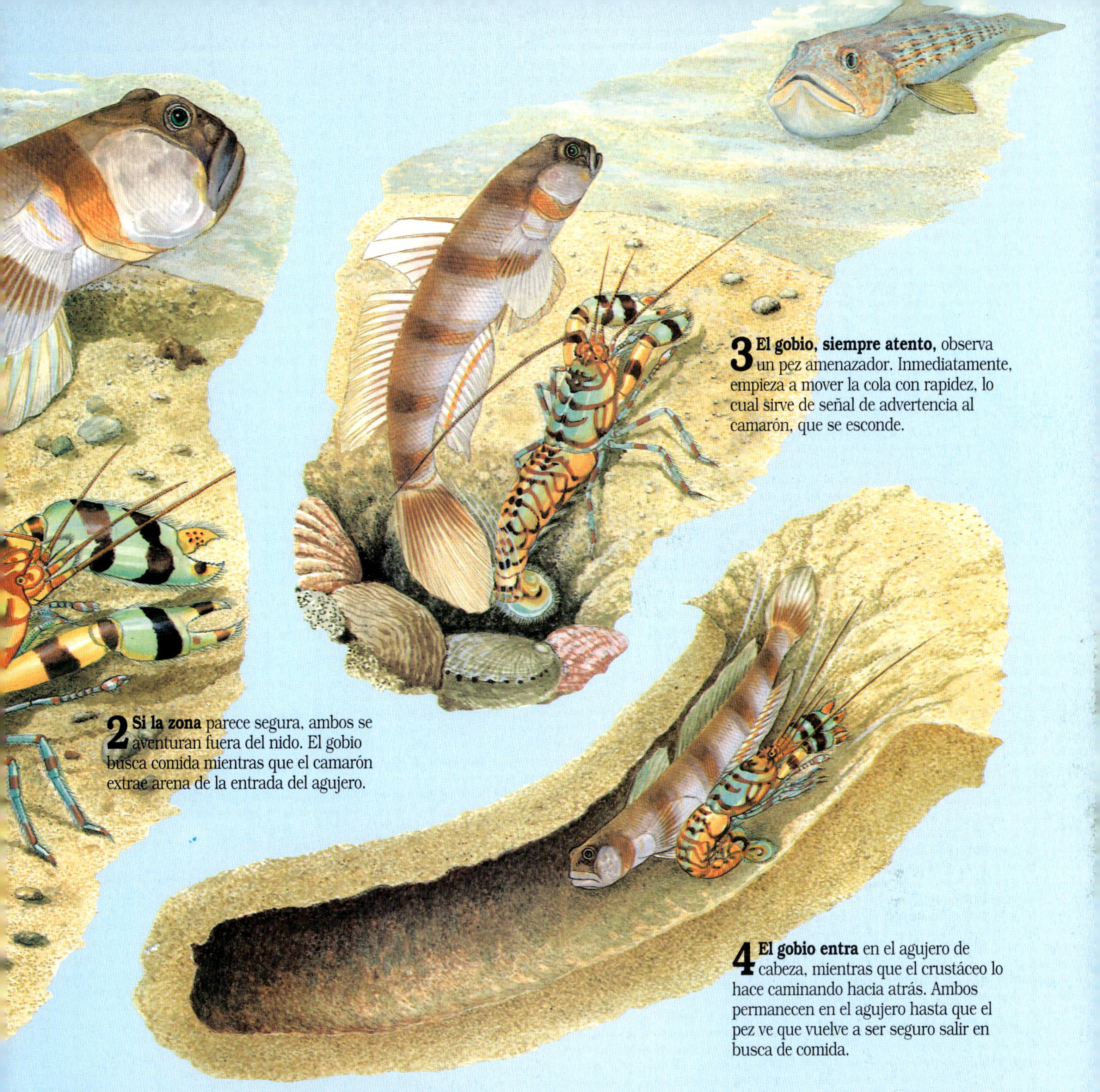

3 El gobio, siempre atento, observa un pez amenazador. Inmediatamente, empieza a mover la cola con rapidez, lo cual sirve de señal de advertencia al camarón, que se esconde.

2 Si la zona parece segura, ambos se aventuran fuera del nido. El gobio busca comida mientras que el camarón extrae arena de la entrada del agujero.

4 El gobio entra en el agujero de cabeza, mientras que el crustáceo lo hace caminando hacia atrás. Ambos permanecen en el agujero hasta que el pez ve que vuelve a ser seguro salir en busca de comida.

Un camarón rayado y un gobio permanecen juntos.

Unos gobios de Ginsburg comparten su agujero con un camarón.

87

3
La búsqueda de pareja y el cuidado de las crías

Todos los animales afrontan dos retos básicos en la vida: sobrevivir hasta la edad adulta y reproducir la especie. Para sobrevivir, el animal debe hallar comida, escapar de los depredadores y superar las enfermedades y peligros que le plantea la naturaleza; el frío, la sequía y otros. Y, en la mayor parte de los casos, para reproducirse es preciso que los huevos de la hembra sean fecundados por el esperma del macho.

No todos los animales necesitan ponerse en contacto para que la fecundación tenga lugar. Entre los pequeños seres que pueblan océanos y lagos, por ejemplo, abundan los casos de hembras que liberan sus huevos en el agua, lo mismo que hacen los machos con su esperma, y

son las corrientes las que se encargan de transportarlos. El número de huevos fecundados con este sistema es relativamente escaso, pero suficiente en cualquier caso para garantizar la continuidad de la especie. Pero en la mayoría, machos y hembras deben encontrarse.

Existen muchos sistemas diferentes de encontrar pareja. Hay animales que cantan o producen curiosos sonidos para atraer a otros. Y los hay que desprenden olores especiales o destellos luminosos. Una vez se han encontrado los posibles miembros de una pareja, hay que coordinar sus respectivos ciclos sexuales de modo que ambos estén preparados para reproducirse en el mismo instante. Algunos animales se ven incluso obligados a eludir un posible ataque de su potencial compañero.

Cuando ya ha tenido lugar la puesta o el nacimiento de las crías, comienzan los cuidados. Las hembras de los mamíferos amamantan y defienden a sus pequeños. Otros animales (aves, algunos peces, insectos, anfibios y reptiles) protegen también a sus crías para asegurar la supervivencia de la especie.

Encontrar pareja o a los propios hijos puede ser difícil. Las luciérnagas *(arriba)* emiten luz para atraerse mutuamente, mientras que los pingüinos y sus pollos dependen del reconocimiento de sus voces para encontrarse en el seno de un grupo.

¿Cómo cortejan a las hembras los machos de las arañas?

Una araña al acecho en su tela interpreta cualquier movimiento de los hilos como debido a la presencia de una presa o de un enemigo. Esto puede complicar el proceso de apareamiento. A pesar de que suelen ser más pequeños que las hembras, los machos son los que realizan todo el cortejo. Y en muchas especies es preciso que el macho acuda para ello a la tela de la hembra. Para no ser atacado tira suavemente de la red con la intención de no sorprender a la hembra y anunciar su presencia. A continuación da comienzo un elaborado cortejo que varía en cada especie. Estos diferentes comportamientos aseguran que el macho se acerque únicamente a hembras de su misma especie y que pueda completar la cópula sano y salvo.

Un macho de araña cazadora de moscas baila ante la hembra haciendo oscilar arriba y abajo las patas delanteras. Cada una de las especies de arañas cazadoras de moscas baila de manera ligeramente distinta.

Un macho de araña corredora se presenta ante la hembra llevando una presa que ha capturado. Mientras ella esté distraída con el regalo, el macho podrá aparearse con seguridad. Las arañas constructoras de guarderías, unos nidos de seda en los que cobijan a sus crías, también cortejan con regalos.

El macho de una araña cangrejo envuelve las patas de la hembra con hilo de seda para no ser atacado mientras tiene lugar la cópula. En cuanto se va, la hembra se libera con facilidad.

El cortejo y la cópula en las especies que tejen una tela para depositar el esperma

Tras su última muda, los machos de estas especies de arañas alcanzan la madurez sexual. En ese momento, su aspecto los diferencia de las hembras y están dispuestos para el apareamiento. No obstante, ante todo deben tejer una pequeña tela dentro de la tela principal en la que depositarán el esperma a través de su abertura genital. A continuación, introducen los pedipalpos en la pequeña tela para recoger el esperma. Los pedipalpos son unos apéndices situados por detrás de los quelíceros y, en su extremo, llevan unas pequeñas cavidades donde se guarda el esperma. Durante la cópula los machos utilizan los pedipalpos para colocar el esperma en el interior del orificio genital de la hembra.

Cuando alcanza la madurez, el macho teje la tela en que depositará el esperma en el centro de su tela principal.

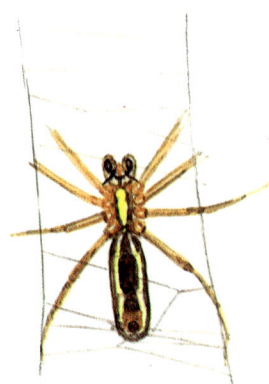

El macho deposita el esperma a través de su poro genital en el interior de esta tela espermática.

Las arañas que tejen telas captan la caída de una presa por medio de las vibraciones que produce al intentar zafarse. El macho de la araña de jardín o de la viuda negra que intenta aparearse debe asegurarse de no ser confundido con una presa. A medida que avanza por la tela de la hembra va enviando un saludo amistoso dando golpecitos y pequeños tirones a los hilos con sus patas. También contrae el cuerpo y lo hace vibrar de una manera especial. A pesar de todo, la hembra puede decidir ahuyentarlo, pero si está dispuesta para el apareamiento, devolverá el mensaje.

1 Un macho avanza serpenteando para anunciar su llegada. Si no recibe respuesta puede continuar haciendo esta señal durante varios días. Incluso puede esperar hasta que una hembra joven madure sexualmente.

2 Una hembra que haya recibido el mensaje del macho responderá con sacudidas y contracciones de su cuerpo. Si no está interesada en aparearse, tal vez lo ataque o simplemente rehúse responder a las señales.

3 Tras recibir una respuesta por parte de la hembra, el macho se aproxima al centro de la tela sin dejar de enviar sus mensajes. El comportamiento de cortejo que realizan los machos durante el trayecto a través de la tela varía de una especie a otra.

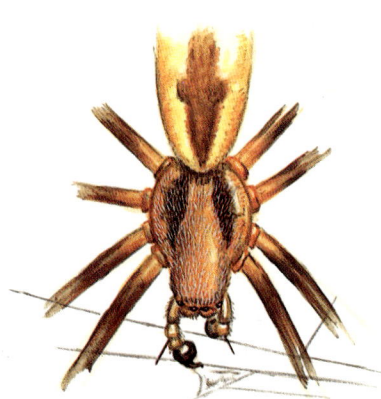

Llena las cavidades situadas en el extremo de los pedipalpos con el esperma de la tela.

Cuando encuentra una hembra lleva a cabo el ritual de cortejo propio de la especie.

El macho traspasa el esperma hasta el orificio genital de la hembra.

¿Por qué emiten luz las luciérnagas?

El macho de la luciérnaga mueve su cola luminosa a través del aire como una linterna oscilante, creando así un dibujo de luz parpadeante de color amarillo verdoso. La hembra aguarda cerca del suelo, centelleando en respuesta. Gracias a este código luminoso, las luciérnagas pueden encontrarse y aparearse. Producen esta luz fría de origen químico en unas células adaptadas que poseen en la parte final de su abdomen. Cada especie de luciérnaga en cada región del mundo tiene su propio código luminoso. Los expertos en estos animales pueden identificar más de 130 especies distintas en todo el mundo a partir de los diferentes dibujos luminosos que crean.

El macho de la luciérnaga de Heike, de Japón emite aproximadamente un destello por segundo. La hembra responde alternando destellos intensos y débiles.

La comunicación entre las luciérnagas

A pesar de las muchas especies de luciérnagas existentes, los miembros de cada una de ellas son capaces de encontrarse gracias a que en cada zona donde habitan poseen su propio código luminoso. La longitud y frecuencia de los destellos y el modo de volar del macho dan forma al mensaje. A medida que machos y hembras se reconocen, el código puede variar. Un macho que todavía no ha encontrado compañera centellea con lentitud. Las hembras responden también con destellos para indicar su posición. Cuando el macho las localiza, se aproxima y aumenta la frecuencia de sus destellos. A continuación, la hembra reduce la suya. La luz emitida por el macho se amortigua, de modo que otros machos no puedan orientarse con ella. Normalmente, las hembras sólo responden a los machos de su especie. Pero algunas atraen con engaños a machos de otras especies y los devoran. La respuesta a la luz es un automatismo. Las hembras de las luciérnagas reaccionan también ante la luz artificial, incluso la de linternas.

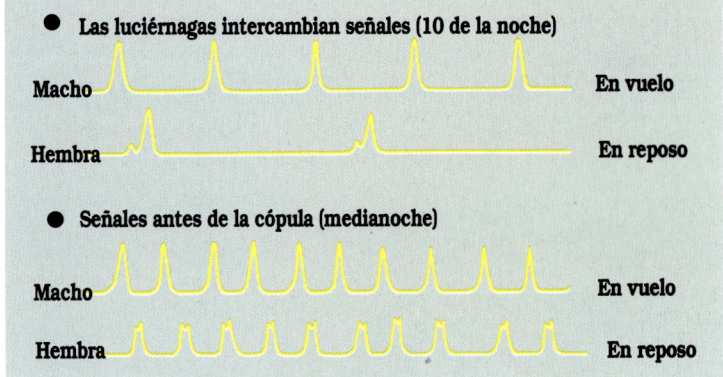

Los machos de la luciérnaga princesa inician su actividad alrededor de las 10 de la noche, moviéndose entre la hierba y emitiendo aproximadamente un destello por segundo. Las hembras empiezan a emitir una luz intermitente cada dos o tres segundos. Cuando se acerca la medianoche, justo antes de que se produzca la cópula, los destellos de machos y hembras se incrementan.

El macho de la luciérnaga princesa emite rápidos destellos al volar en círculo alrededor de la hembra, que responde con destellos menos frecuentes.

El macho de la luciérnaga de Genji centellea formando largas líneas de luz que atraviesan el cielo nocturno.

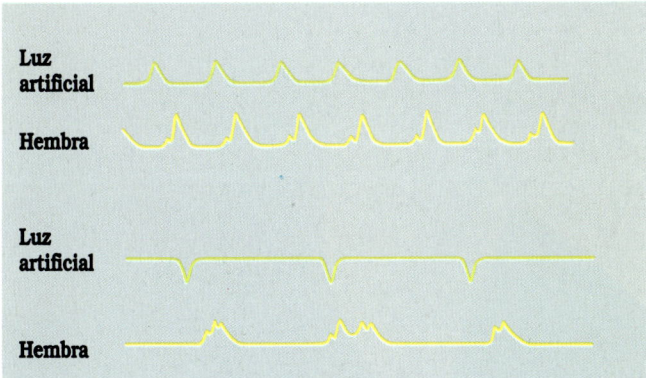
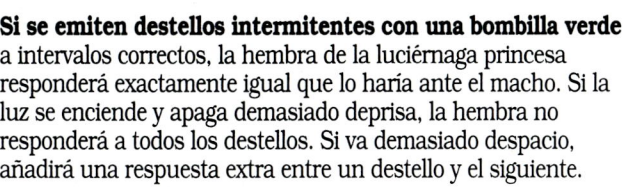

Si se emiten destellos intermitentes con una bombilla verde a intervalos correctos, la hembra de la luciérnaga princesa responderá exactamente igual que lo haría ante el macho. Si la luz se enciende y apaga demasiado deprisa, la hembra no responderá a todos los destellos. Si va demasiado despacio, añadirá una respuesta extra entre un destello y el siguiente.

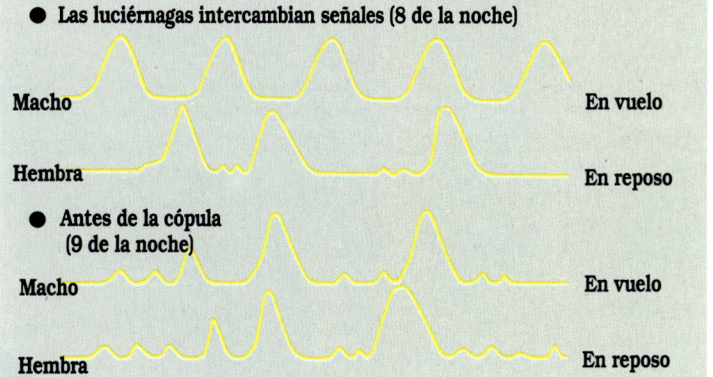

Los machos de la luciérnaga de Genji buscan hembras mientras vuelan en grandes grupos y emiten destellos al unísono. Las hembras emiten su luz desde el suelo para atraer a los machos. Pero a diferencia de otras especies, las hembras de la luciérnaga de Genji no responden a todos los destellos. Antes de la cópula, tanto el macho como la hembra reducen la frecuencia de los destellos.

¿Cómo consiguen encontrarse las mariposas durante la noche?

Los machos de mariposa no pueden servirse de la vista durante la noche y utilizan las antenas para localizar a las hembras. Éstas liberan al ambiente una sustancia que desprende un olor particular, la llamada feromona sexual. Los machos son capaces de captar la presencia de tan sólo unas pocas moléculas de esta sustancia, incluso a kilómetros de distancia de las hembras, gracias a la gran sensibilidad de sus enormes antenas plumosas. Cuando el macho percibe la feromona, sigue su rastro hasta el lugar de donde procede. Está seguro de que al llegar allí encontrará a una hembra madura sexualmente, puesto que las jóvenes no producen esta feromona sexual. Y sabrá hallar también a la hembra de su propia especie, ya que la composición de las feromonas difiere ligeramente de una especie a otra. Lo normal es que un determinado macho responda únicamente ante la feromona sintetizada por las hembras de su especie.

Una vez cerca de la hembra, el macho es ya capaz de verla. Utiliza también para localizarla su capacidad para percibir el calor que desprende su cuerpo.

Las antenas plumosas del macho de la mariposa de la seda poseen multitud de diminutos filamentos recubiertos de células sensibles a las feromonas. Provisto de una antena a cada lado de la cabeza, el macho consigue localizar la procedencia de la feromona.

Las antenas de la hembra tienen filamentos mucho más cortos y, por lo tanto, una superficie más reducida. Debido a que posee muchas menos células sensibles, la hembra no está capacitada para percibir los olores con la precisión del macho.

● **Así localiza el macho a la hembra**

Dirección del viento

Las feromonas son dispersadas por el viento

A esta distancia, el macho localiza a la hembra con la vista

Hembra

Cuando una hembra está ya madura empieza a liberar feromonas sexuales, durante la noche, por el extremo del abdomen. Cada especie libera sus feromonas a una determinada hora de la noche, y cada una posee un tipo específico de feromona. Esto sirve de gran ayuda al macho para poder identificar a las hembras de su misma especie. El olor es dispersado y extendido por el viento. El macho de la mariposa, al igual que haría un perro que siguiese un rastro, vuela en dirección opuesta al viento zigzagueando a través del camino marcado por las feromonas. Se gira hacia el lado de la antena que percibe una mayor cantidad de moléculas de feromona y cada giro lo acerca un poco más a la hembra. Cuando por fin la encuentra, tiene lugar la cópula.

¿Por qué cantan los grillos?

El grillo campestre de Taiwan vive en praderas y pastizales y emite un reclamo que suena a algo así como "ri-i ri-i".

Esos característicos trinos de los grillos que llenan de música las tardes de verano proceden de un coro exclusivamente masculino. Cada uno de los machos canta para señalizar su territorio. Para el resto de machos, esta llamada significa "prohibida la entrada", pero para las hembras resulta muy atractiva. El macho cambia bruscamente de canción cuando otro grillo se aproxima, y lo hace de un modo u otro en función del sexo de éste. Si el visitante es otro macho, lo ahuyenta con una estridente serie de fuertes chirridos, el canto de combate. Por el contrario, una hembra provoca un canto más lento y suave que expresa el deseo del macho de aparearse. Todos los cantos de los grillos están estructurados de manera distinta y se emiten a diferentes velocidades. Cada especie de grillo posee su propio repertorio de cantos, y las hembras responden únicamente a los sonidos producidos por los machos de su especie.

El grillo del norte de Japón vive bajo las piedras en los lechos secos de los ríos. Su canto característico es "Chi-ri-ri-ri, Chi-ri-ri-ri".

El canto de llamada

Los machos de grillo empiezan a cantar a primeras horas de la tarde y continúan durante toda la noche. Pero no cantan todos al mismo tiempo. En cualquier zona donde se hayan reunido machos, éstos se turnan para emitir sus reclamos. De esta manera se evita que alguno de los machos penetre en el territorio de otro. Los científicos creen que estas llamadas permiten a los machos calcular a qué distancia se hallan los demás y mantenerse así suficientemente separados. Si se graba en cinta una de estas llamadas y se reproduce después, cualquier macho que la oiga dejará de cantar y se desplazará una corta distancia antes de reanudar el canto. Si se le acerca una hembra, cambiará al canto de cortejo.

Incluso en el caso de que los tres machos del dibujo cantasen a esta hembra al mismo tiempo, ella sería capaz de escoger al de su propia especie gracias al canto. Se acercaría únicamente a este macho para aparearse.

El grillo de jardín oriental habita campos de cultivo y áreas de marisma. Su llamada es "koro-koro-koro-ri".

Las "orejas" de un grillo

Las "orejas" de un grillo, las membranas timpánicas, están situadas junto a las articulaciones de sus patas delanteras. Cada una consiste en una foseta cubierta por una fina membrana oval. Los grillos son capaces de percibir mínimas diferencias de ritmo, pero incapaces de diferenciar los tonos.

¿Cómo canta un grillo?

El grillo canta frotando una contra otra sus alas delanteras. Las levanta y rasca el borde del ala derecha contra una cresta abombada que atraviesa el ala izquierda, la cual vibra de manera similar a una tabla de lavar cuando es golpeada con los dedos cubiertos con dedales. Cada golpe produce un sonido. El canto del macho consiste en series de estos sonidos.

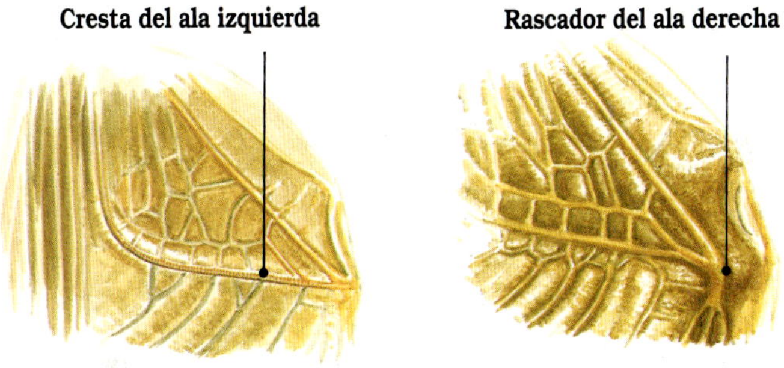

Cresta del ala izquierda   **Rascador del ala derecha**

El canto de cortejo y el de combate

Si el canto de llamada de un macho atrae a una hembra se iniciará a continuación el canto de cortejo. Se trata de una serie de gorjeos más suaves y lentos que predisponen a la hembra para el apareamiento. En algunas especies, el canto de cortejo consta de dos o tres partes, cada una más suave que la anterior. Durante la cópula, el macho se mantiene en silencio o emite un suave sonido parecido al tic-tac de un reloj.

Cuando un macho penetra en el territorio de otro, ambos inician un canto de combate que consiste en una larga serie de fuertes sonidos. Mientras los emiten, los dos machos hacen chocar sus cabezas. Cuando uno de ellos abandona y se aleja, el ganador reanuda el canto de llamada.

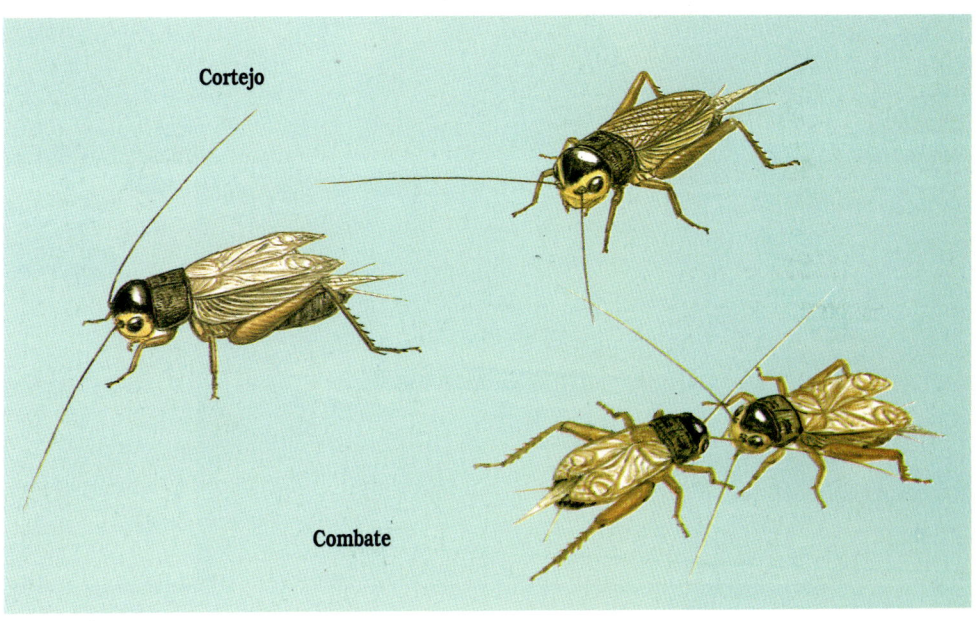

Cortejo

Combate

¿Por qué cantan los pájaros?

Las 8.700 especies de aves existentes emiten algún tipo de reclamo, pero sólo 5.000 de ellas cantan. El reclamo de un pájaro consiste en la repetición de sonidos cortos, como el "tok" de un cuervo, pero el canto se compone de una secuencia estructurada de sonidos.

Casi todos los cantos son obra de los machos y dicen muchas cosas sobre el individuo que los emite: si ha alcanzado la madurez, el sexo y la especie a la que pertenece. Además de poseer el canto exclusivo de la especie, un macho puede cantar en un "dialecto" regional o local. Algunos incluso añaden al canto variaciones personales. Los chingolos cejiblancos y muchas otras especies emiten un único canto sencillo; otras especies, en cambio, poseen cantos más complejos. Los sinsontes pueden pasarse todo el día cantando y no repetirse nunca, son capaces de combinar hasta 2.000 melodías diferentes.

Con independencia de la cantidad de cantos que sea capaz de emitir, un pájaro macho cumple siempre al cantar dos propósitos: atraer a las hembras y ahuyentar a los otros machos. El aluvión de notas y trinos que un macho lanza durante la época de cría suele servir de aviso a otros para que no intenten invadir su territorio.

Un sílvido asiático canta para señalar su territorio en un campo.

El carricero macho ataca a cualquier otro macho que penetre en su territorio. Si aún no ha encontrado pareja, debe conservar su territorio para poder atraer una. Si tiene ya pareja pero ésta no ha puesto huevos todavía, debe evitar que otros machos se apareen con ella.

La hembra alimenta a sus polluelos mientras el macho defiende el territorio. El macho de carricero oriental no colabora en la incubación, pero puede ayudar en la protección y alimentación de las crías nacidas de su primera pareja.

¿Están siempre cantando los pájaros?

En primavera, muchos pájaros cantores, como los carriceros orientales de Japón, migran de regreso de sus cuarteles invernales con el propósito de escoger territorio. Los machos que lleguen pronto podrán escoger un lugar exuberante y con muchos insectos. Una vez han delimitado su nuevo territorio inician un canto que dura desde el amanecer hasta después del crepúsculo (*arriba a la derecha*).

Después de que los machos hayan dividido el terreno en territorios bien defendidos (*cuyos límites aparecen aquí indicados con líneas azules discontinuas*), regresan las hembras. Éstas investigan el terreno, escuchan los cantos y examinan los dominios de cada macho. Buscan un buen territorio tanto como una pareja. Tras la cópula, las hembras construyen un nido mientras los machos patrullan incansables las fronteras del territorio manteniendo alejados a los otros machos. Les queda poco tiempo para cantar (*en el centro a la derecha*).

Una vez completada la puesta, las hembras no se aparearán de nuevo hasta la primavera siguiente. Los machos quedan libres para reanudar sus cantos y atraer nuevas hembras (*abajo a la derecha*). Las hembras que vuelven tarde de la migración pueden verse obligadas a escoger entre un macho que ya tiene pareja o uno que esté solo pero posea un mal territorio. Si hay una gran diferencia entre los territorios, es posible que escoja al macho que disponga del mejor. Sólo el 20 por ciento de los machos se aparean dos veces en una misma temporada.

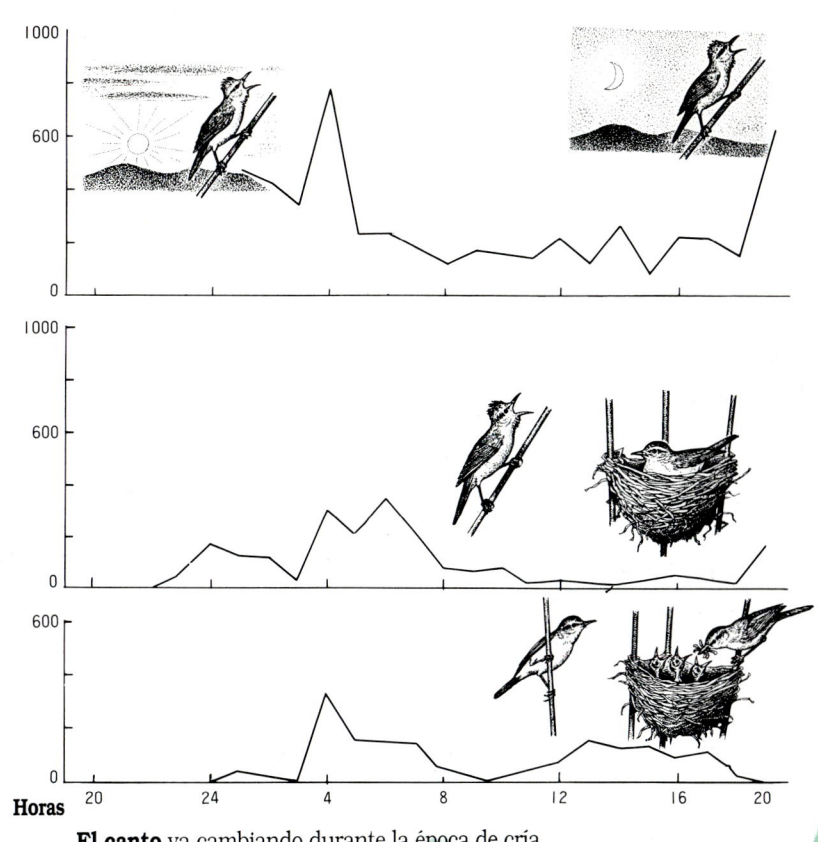

El canto va cambiando durante la época de cría.

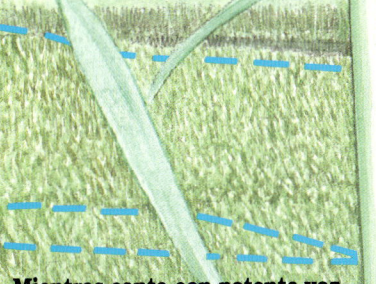

Mientras canta con potente voz posado en una rama elevada, el macho supervisa su territorio. Excepto en los momentos que dedica a buscar comida entre la vegetación, el macho vigila constantemente, recordando a los demás machos que el territorio ya está ocupado.

Tras comparar territorios, esta hembra escogió ser la segunda compañera de un macho. Deberá compartir la comida con él, la primera pareja y las crías, pero aun así su prole resultará más favorecida que si hubiese escogido a un macho dueño de un territorio peor.

¿Por qué construyen glorietas los tilonorrincos?

En lugar de cantar para atraer a las hembras, los machos de tilonorrinco levantan unas pintorescas construcciones. Limpian una zona de suelo y la decoran con objetos coloreados y una estructura hecha con ramas que recibe el nombre de glorieta. En algunos casos, los machos llegan incluso a pintar el interior de estas glorietas con jugos de bayas silvestres o con barro y saliva.

Una glorieta se parece vagamente a un nido, pero su función es completamente distinta: atraer a la hembra. Ésta escoge a su pareja en función del atractivo de la glorieta que ha construido. Las 20 especies existentes de tilonorrincos viven en Australia y Nueva Guinea y cada una de ellas construye su propio modelo de glorieta.

2 Cuando alguna hembra se muestra interesada, el macho baila excitado y enseña sus objetos decorativos sujetándolos con el pico. En ocasiones, emite también un sonoro canto.

1 El tilonorrinco satinado construye su glorieta amontonando ramas en dos pilas paralelas. En el lado soleado orientado al sur prepara un espacio donde tendrá lugar la parada nupcial. A continuación, lo decora con objetos de color —azul marino como su propio plumaje o, con menos frecuencia, verde o amarillo claro como el de su pareja.

Tres modelos de glorieta

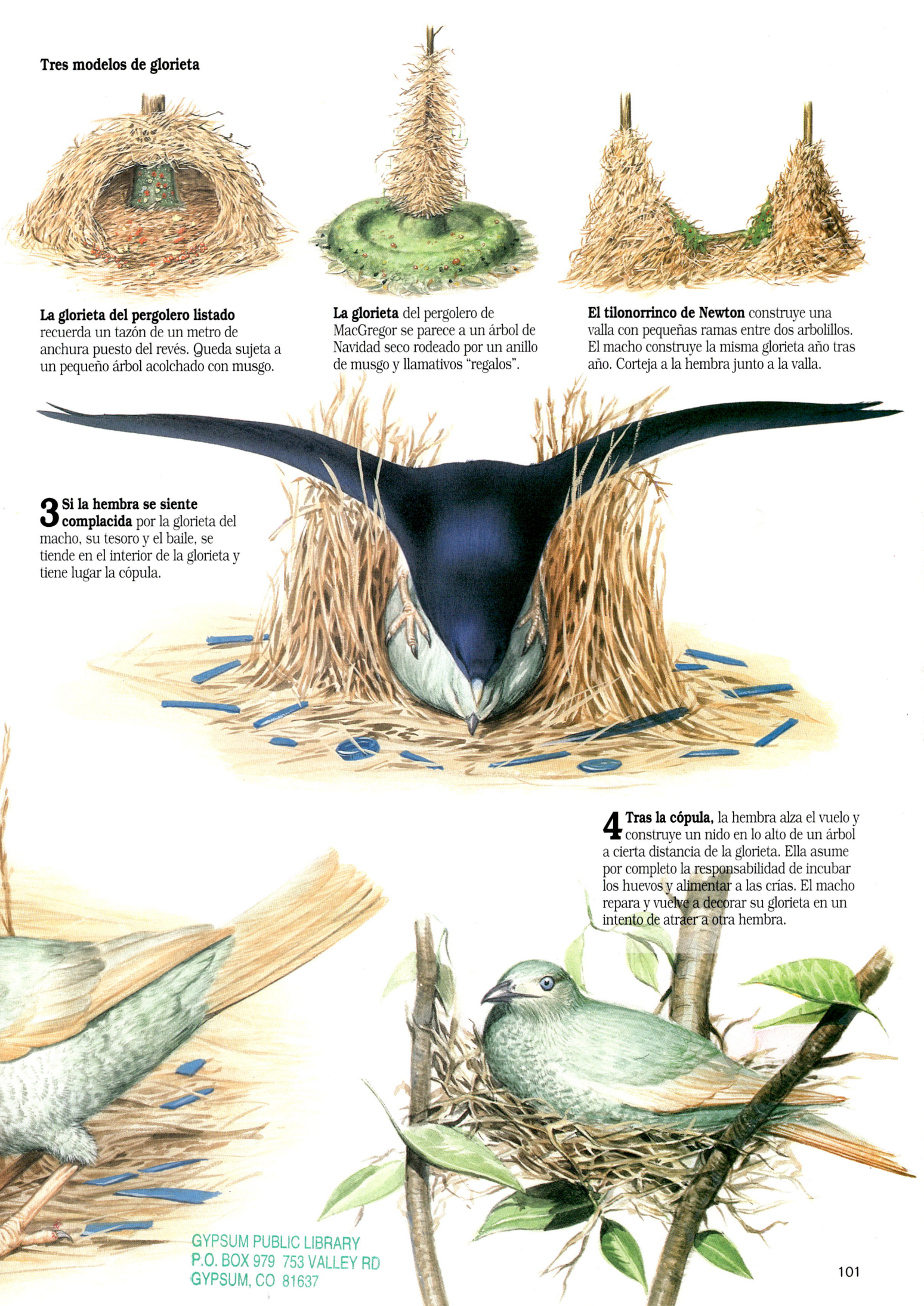

La glorieta del pergolero listado recuerda un tazón de un metro de anchura puesto del revés. Queda sujeta a un pequeño árbol acolchado con musgo.

La glorieta del pergolero de MacGregor se parece a un árbol de Navidad seco rodeado por un anillo de musgo y llamativos "regalos".

El tilonorrinco de Newton construye una valla con pequeñas ramas entre dos arbolillos. El macho construye la misma glorieta año tras año. Corteja a la hembra junto a la valla.

3 **Si la hembra se siente complacida** por la glorieta del macho, su tesoro y el baile, se tiende en el interior de la glorieta y tiene lugar la cópula.

4 **Tras la cópula,** la hembra alza el vuelo y construye un nido en lo alto de un árbol a cierta distancia de la glorieta. Ella asume por completo la responsabilidad de incubar los huevos y alimentar a las crías. El macho repara y vuelve a decorar su glorieta en un intento de atraer a otra hembra.

¿Por qué bailan las grullas?

Una pareja de grullas de Manchuria en sus territorios de invernada se saluda mutuamente. Con las alas extendidas, ambos individuos flexionan las patas, bajan las cabezas y recuperan después toda su estatura. Las grullas pueden alcanzar un peso de 10 kilos y vivir hasta 50 años.

Otros rituales de cortejo entre las aves

Muchas especies de aves desarrollan complejas paradas nupciales, y cada una de ellas posee su ceremonia característica. A veces, macho y hembra danzan juntos, y otras veces es el macho el que canta para la hembra o exhibe su espectacular plumaje. En ocasiones, los rituales se componen de una secuencia precisa de movimientos y respuestas. Pero sea cual sea la forma que tomen, estos rituales desempeñan una importante función. Permiten al macho convencer a la hembra de que no pretende atacarla, y aseguran que ambos individuos pertenezcan a la misma especie y estén listos para reproducirse.

Los albatros de las Galápagos se mordisquean los picos, se estiran y abren la boca durante el cortejo.

Durante la parada nupcial, los somormujos se zambullen y vuelven a la superficie llevando plantas acuáticas en el pico.

Las grullas de Manchuria son unas aves sorprendentes que alcanzan aproximadamente 1,5 metros de altura. En Japón, representan el símbolo del amor y la felicidad. Forman parejas que se mantienen toda la vida y que realizan unos curiosos bailes durante todo el año. Sin embargo, los más importantes tienen lugar durante la época de la reproducción, cuando las grullas bailan para expresar sus deseos de aparearse. Esta danza puede ser iniciada tanto por el macho como por la hembra y comienza con un gracioso salto con las alas extendidas. El otro miembro de la pareja da vueltas lentamente alrededor del individuo que salta. Después de unos cuantos saltos, ambos individuos intercambian sus papeles en la danza. Por último, el macho se mantiene de pie con las alas desplegadas mientras la hembra lo observa. Una vez una pareja ha empezado el baile, el impulso puede extenderse hasta que todo el grupo de grullas acaba bailando.

Una grulla macho brinca a gran altura invitando a su pareja al baile. Ésta baila en círculo a su alrededor mientras él sigue saltando. Transcurrido algún tiempo, la hembra empieza a brincar y el macho la observa. Las grullas danzan durante el cortejo y también en otros momentos del año, aparentemente para reforzar los lazos entre ellas.

Los miembros de una pareja de grullas alzan sus picos hacia el cielo y emiten sonidos con el propósito de señalar su territorio. Es posible escuchar el dúo a más de tres kilómetros de distancia. La hembra anida en el suelo y suele poner dos huevos. Pero es frecuente que sólo uno de los pollos sobreviva, mientras que el otro es devorado por los depredadores.

La hembra del martín pescador solicita comida como lo haría un polluelo. El macho que la corteja responde ofreciéndole un pez.

Las grajillas se acicalan mutuamente el plumaje de la cabeza y el cuello durante el cortejo.

Una pareja de gaviotas reidoras se da la espalda en una fase de su parada nupcial.

¿Cómo se encuentran los topos macho y hembra?

Los topos pasan la mayor parte de sus vidas bajo tierra, en túneles que marcan olfativamente con las secreciones de unas glándulas olorosas que poseen en el abdomen. Machos y hembras construyen sus propios túneles y viven solos. Pero cuando llega la época de la reproducción deben encontrarse. El macho construye nuevos túneles en busca de la pareja y explora todos aquellos que encuentra, estudiando los olores dejados por otras glándulas olorosas y por los excrementos. Evita las galerías pertenecientes a otros machos, porque un encuentro entre ellos podría desembocar en una pelea. Cuando encuentra una hembra interesada, se aparea con ella. A continuación, regresa a su territorio y reemprende su vida solitaria. La hembra da a luz unas cuatro crías en su túnel, tras un embarazo de un mes de duración. Amamanta a los pequeños sólo durante tres semanas y después son destetados.

Un topo asoma la cabeza al exterior.

La vida del topo

Marcando el túnel

Dos machos en combate

Un macho encuentra una hembra

Una hembra amamanta a sus crías

El territorio de un topo

Los topos viven en galerías que forman territorios, representados a la derecha por las líneas de puntos. Orientándose gracias al olfato y el tacto, el topo recorre todo su territorio en unas cuantas horas. Los túneles son también trampas, además de caminos. En ellos caen lombrices, escarabajos y larvas de insectos que son atrapados por el topo durante sus correrías. Para mantener un suministro constante de comida, el topo excava nuevos túneles a diario. Si encuentra más comida de la que puede ingerir de una vez, muerde la presa para inmovilizarla y después de muerta la almacena en una galería que le sirve de despensa para comérsela más tarde. El topo no suele penetrar en el territorio de otro individuo más que en la época de cría.

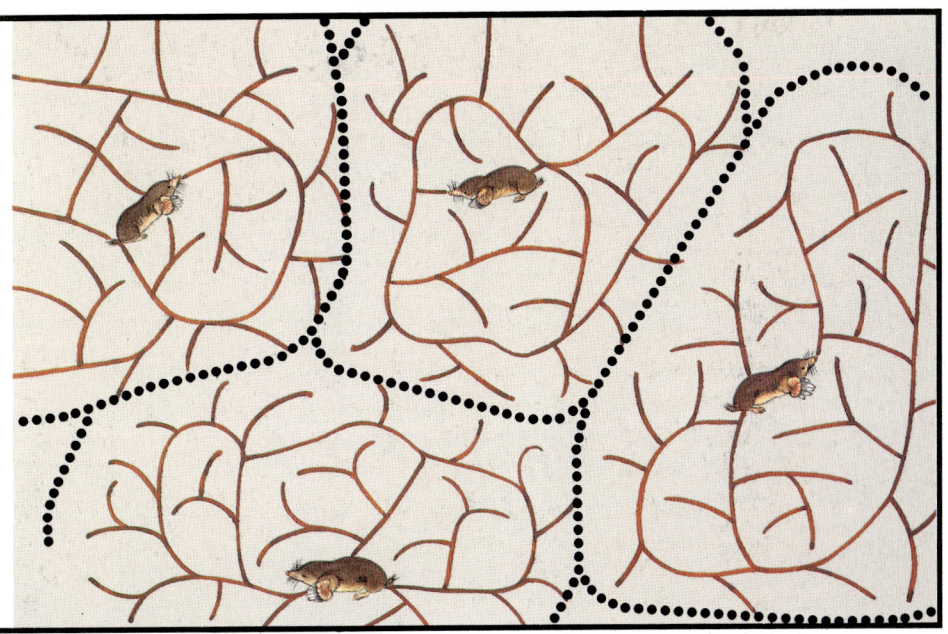

Capturando un gusano

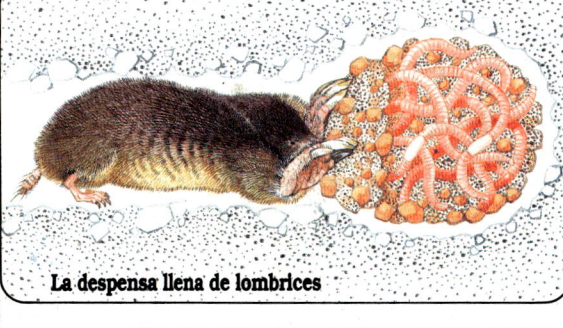

La despensa llena de lombrices

Acúmulo de excrementos

Bebiendo agua

¿Por qué chocan sus cabezas los carneros de las Montañas Rocosas?

1 Durante la época de cría, dos machos se enfrentan para decidir quien es el dominante. Ambos maniobran para conseguir una buena posición, un punto del terreno más elevado que el del contrincante.

Cuando llega el otoño, los carneros de las Montañas Rocosas sienten el impulso de aparearse. Empiezan las luchas y los machos hacen chocar sus cabezas armadas con cuernos. Estos combates no suelen producir más heridas que una nariz sangrando o un cuerno roto, aunque los ataques por sorpresa dirigidos a los costados acostumbran a saldarse con alguna costilla fracturada. El ganador, el macho dominante, tiene más oportunidades de aparearse que los perdedores. Pero éstos no quedan marginados por completo. Mientras el macho dominante pone en fuga a otro carnero, un tercero puede aparearse con una de sus hembras. O bien uno de los perdedores puede robar una de las hembras de otro macho.

2 Los dos contendientes se ponen de pie sobre sus patas traseras. El que está en el punto más elevado podrá conseguir una mayor velocidad y golpear al rival con más fuerza.

El crecimiento de los cuernos

Los machos son ya capaces de reproducirse a los dos años de edad. Pero no son más que adolescentes en ese momento y sus cuernos están aún creciendo. Un macho de dos años no puede vencer a un macho dominante en un combate a cabezazos, pero sí es capaz de alejar a una de sus hembras y aparearse con ella. A los cuatro años, los cuernos del carnero ya han completado la mitad del círculo. A los seis o siete años, ya son lo bastante grandes para permitirle desafiar a otros machos. Los cuernos siguen creciendo hasta la edad de ocho años. Entonces ya han completado el círculo, aunque en cada combate se pierden algunos fragmentos de las puntas.

El cráneo del carnero crece al mismo ritmo que los cuernos. Tiene un espesor de cinco centímetros y se compone de dos capas de tejido duro entre las que se intercala una capa de hueso esponjoso que sirve de amortiguación. El cráneo está recubierto por una gruesa capa de piel.

Macho de dos años
Macho de seis años
Hembra
Macho de ocho años

3 Los machos se acometen con todo su peso, que puede ser de hasta 115 kilogramos. El impacto es tan potente que levanta sus patas traseras del suelo. Después del golpe, ambos machos se quedan inmóviles, tal vez algo aturdidos.

¿Cómo establecen los carneros su jerarquía?

Antes del inicio de la época de cría, los machos viven reunidos en rebaños que se mantienen separados de las hembras. Suelen acariciarse con el hocico, siendo los machos mayores y más viejos los que reciben mayor atención. En octubre, cuando despierta el impulso de aparearse, el humor de los animales cambia y los jóvenes empiezan a desafiar a los machos dominantes. El retador puede atacar por la espalda o por un flanco al macho más poderoso que él, en lugar de arriesgarse a un ataque frontal. Cuando dos machos no están seguros de su posición en la jerarquía combaten haciendo chocar sus cabezas. El que gana la mayoría de las peleas suele reclamar su derecho a ocupar el primer lugar en el orden de cría y a escoger, por tanto, las hembras.

¿Por qué agitan las pinzas los cangrejos violinistas?

La hembra del cangrejo violinista tiene dos pinzas de pequeño tamaño que utiliza para asir la comida. El macho, en cambio, tiene una pinza pequeña y la otra muy grande. Usa la primera para comer y la segunda la agita para atraer a la hembra durante la época de la reproducción. Si la hembra manifiesta algún interés, el movimiento se hace más frenético, hasta que el macho consigue convencerla para que se introduzca en la madriguera excavada en la arena donde tendrá lugar la cópula.

Además de atraer a las hembras, la gran pinza de los cangrejos violinistas sirve también para ahuyentar a otros machos. A veces, éstos pelean entre sí utilizando las enormes pinzas en una especie de combate de lucha libre a la orilla del mar.

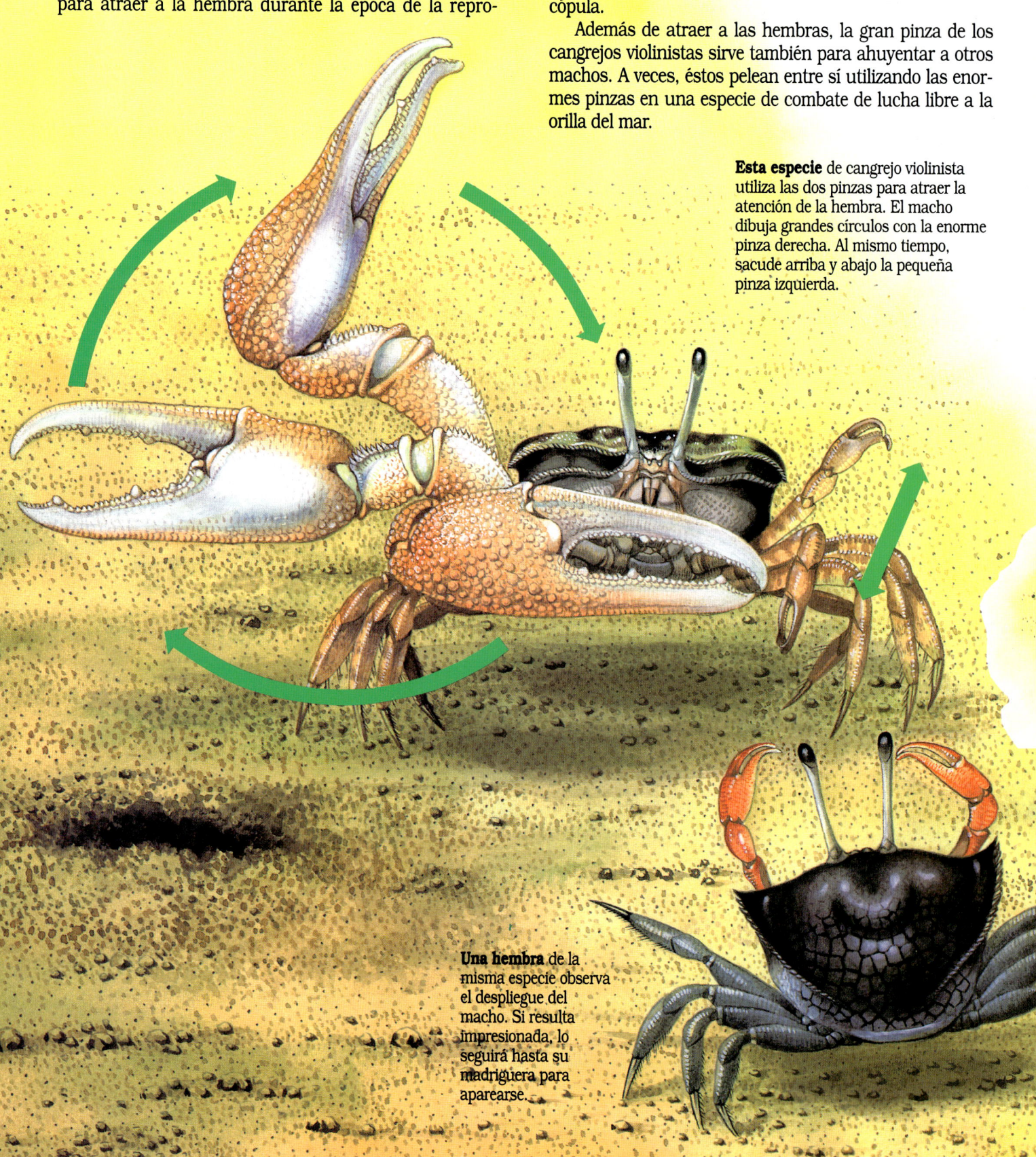

Esta especie de cangrejo violinista utiliza las dos pinzas para atraer la atención de la hembra. El macho dibuja grandes círculos con la enorme pinza derecha. Al mismo tiempo, sacude arriba y abajo la pequeña pinza izquierda.

Una hembra de la misma especie observa el despliegue del macho. Si resulta impresionada, lo seguirá hasta su madriguera para aparearse.

Un macho de una segunda especie hace oscilar arriba y abajo la gran pinza derecha mientras alza la pequeña pinza izquierda. Para terminar, mantendrá ambas pinzas levantadas por encima de la cabeza.

En una tercera especie, el macho mantiene la gran pinza izquierda horizontal mientras la levanta y la baja durante el cortejo.

La madriguera de un cangrejo violinista

Cuando una hembra sigue a un macho, la cópula tiene lugar dentro de la madriguera de éste. Si es él quien sigue a la hembra, se aparean fuera del agujero. La madriguera contiene un espacio para descansar y una cantidad de agua salada en el fondo.

La madriguera de un cangrejo violinista puede tener más de un metro de profundidad. Cuando excavan forman pequeñas bolas con la arena que luego sacan al exterior.

El violinista toca el tambor

En ciertas especies de cangrejos violinistas, los machos agitan las pinzas para atraer a las hembras durante la marea baja cuando ésta tiene lugar en pleno día. Pero cuando la marea baja de noche recurren a señales acústicas. El macho golpea la superficie del agua o las paredes de su madriguera. La hembra, que capta las vibraciones transmitidas por la arena húmeda, busca su origen. Cuando lo encuentra, comprueba que el movimiento de las pinzas corresponda al de un macho de su misma especie.

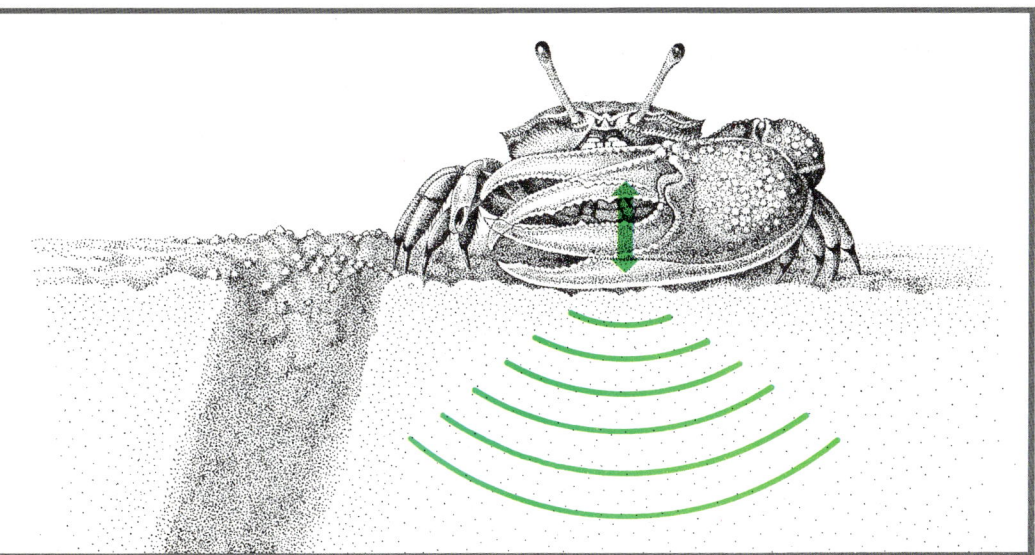

¿Cómo cuidan los caimanes a sus crías?

Un caimán adulto es un reptil impresionante. Puede alcanzar una longitud que oscila entre 2,5 y 3,5 metros y sus mandíbulas son capaces de sujetar a las presas con una fuerza tremenda, siendo las más habituales peces, ranas y pequeños mamíferos. Pero, al contrario que la mayoría de los reptiles, los caimanes cuidan a sus crías. La hembra construye un montículo de vegetación en el que pone los huevos, se encarga de que estén seguros durante su desarrollo y protege a los jóvenes de los depredadores.

La reproducción se inicia en abril, cuando ambos sexos braman sonoramente y golpean la cabeza contra la superficie del agua produciendo sonidos que anuncian al resto de caimanes que están dispuestos a aparearse. Cuando los machos se encuentran, combaten entre ellos para establecer una jerarquía de dominancia. El macho dominante escogerá en primer lugar a sus hembras y controlará el territorio mayor, aunque las hembras suelen aparearse con más de un macho.

Un caimán del Mississippí en el momento de salir del huevo.

El caimán y sus crías

2 En la parte más alta del montículo, la hembra excava un hueco y pone hasta 55 huevos. Remueve los materiales que hay bajo los huevos para facilitar su descomposición. El calor desprendido por la vegetación que se pudre ayuda a mantener los huevos calientes.

1 Tras seis semanas de cortejo y cópulas, la hembra del caimán acumula vegetación y excrementos para formar un nido de 1,8 metros de anchura y casi un metro de altura.

4 Después de haber utilizado sus potentes mandíbulas para defender los huevos ante los depredadores, la madre las utiliza ahora para sacar a sus crías del nido.

3 Mientras rompen la cáscara del huevo, los jóvenes caimanes emiten unos característicos sonidos. La madre los oye y deshace el montículo que ha servido de nido.

5 La madre transporta a algunos de los jóvenes en la boca desde el montículo hasta el agua. A continuación, llama al resto para que la sigan.

6 El grupo de jóvenes caimanes se mantiene en las proximidades del nido. Cuando se encuentran en un apuro basta una llamada para que un adulto acuda con rapidez en su defensa.

¿Cómo encuentran los pingüinos a sus polluelos?

Los pingüinos adultos no se meten nunca entre una bandada de polluelos para encontrar a los suyos, son incapaces de distinguir uno de otro. En lugar de eso, se mantienen fuera del grupo y lanzan potentes graznidos. Cuando los pollos los escuchan, acuden corriendo en busca de comida.

Los pollos recién salidos del huevo dependen por completo de sus progenitores. Uno de ellos se va a buscar comida mientras el otro se sienta en el nido para calentar a los pollos y protegerlos de los depredadores. Cuando el progenitor ausente regresa con la comida, emite una llamada característica para localizar a su pareja entre millares de otros pingüinos, y ésta le responde. Cuando los polluelos han alcanzado las tres semanas de vida forman ya parte de una guardería —un numeroso grupo de pollos vigilado por sólo unos cuantos adultos— pero tienen grabada en su memoria la voz de sus padres y acuden en cuanto se los llama.

Cuando vuelven con la comida, los pingüinos de Adelia adultos llaman a sus crías con el mismo sonido que les sirve para reconocerse entre ellos. Cuando los pollos salen corriendo de la guardería son seguidos, a veces, por otros pollos hambrientos, pero los adultos alimentan tan sólo a los suyos, a los que reconocen por su insistencia.

Los pollos del pingüino de Adelia oyen a sus padres llamándoles cuando están en la guardería. Al oír sus voces, corren a su encuentro y les solicitan comida.

Un año en la vida de un pingüino

A finales de septiembre —principios de la primavera antártica—, los pingüinos de Adelia migran hasta las costas donde crían.

Los machos llegan una semana antes que las hembras y buscan lugares donde instalar el nido.

Un macho y una hembra se saludan antes de aparearse.

La hembra pone dos huevos a finales de octubre en un nido hecho con piedras.

En la península Antártica, los págalos grandes atacan a los pollos que se alejan de la seguridad de la guardería. Los pollos solitarios están también más expuestos a los vientos helados.

Un pingüino adulto sin crías propias vigila la guardería, haciendo frente al ataque de un págalo grande. Éstos, que son como gaviotas grandes, anidan cerca de las colonias de pingüinos y permanecen siempre ojo avizor para hacerse con cualquier huevo o polluelo descuidado.

Un adulto regurgita krill, pequeños crustáceos parecidos a las gambas, con el que alimenta a sus polluelos.

Los huevos se abren a finales de noviembre y los progenitores mantienen calientes a los pollos.

A las tres semanas de vida, los polluelos se reúnen en guarderías.

En enero, los jóvenes se dirigen al mar con su plumaje recién estrenado.

¿Dónde se crían los pollos del cuco?

La mayor parte de las aves construyen nidos, incuban sus huevos y alimentan a los polluelos, pero el cuco no lo hace así. Él y otras cuantas especies parásitas se dedican a engañar a otros pájaros para que les hagan todo el trabajo. La hembra del cuco vigila el nido de otro pájaro hasta que la pareja ocupante lo abandona por un momento. Entonces, se precipita en su interior, se deshace de uno de los huevos y deja el suyo en su lugar, todo esto en poco más de 10 segundos. Cuando vuelven, los padres adoptivos suelen aceptar el huevo nuevo e incubarlo con los demás. El pollo del cuco nace, por lo general, antes que los otros y arroja el resto de los huevos fuera del nido. De esta manera, se apodera de toda la comida aportada por sus padres adoptivos.

Una hembra de cuco saca un huevo del nido de otro pájaro. Los propietarios del nido están fuera buscando comida. El cuco no tarda más de unos segundos en poner su propio huevo y alejarse.

Pasados 11 días, el huevo del cuco se abre. Antes de que lo hagan los huevos de sus padres adoptivos, el polluelo, aún ciego, se afianza sobre sus patas y, empujando con la espalda y las alas, hace rodar los huevos hasta sacarlos del nido.

Los huevos del cuco se parecen a los de sus padres adoptivos

Los huevos del cuco, señalados aquí con flechas, suelen coincidir en el color y las manchas con los de la especie parasitada, aunque suelen ser un poco más grandes. La hembra del cuco se identifica con sus padres adoptivos y pone sus huevos en un nido de la misma especie, la cual recibe el nombre de especie huésped.

Carricero asiático

Escribano del Japón

Rabilargo

Alcaudón

Alcaudón de cola roja

↓ Indica el huevo del cuco

Un padre adoptivo alimenta con orugas, moscas y abejorros al enorme pollo de cuco que tiene en el nido, tal y como haría con sus propios hijos. El cuco crece con rapidez hasta alcanzar una longitud de 30 centímetros que hace que sus padres adoptivos parezcan enanos a su lado.

Este pollo de cuco de dos semanas de edad tiene un tamaño cuatro veces superior al de sus padres adoptivos y ya ha abandonado el nido, aunque sigue siendo alimentado por ellos. En ocasiones, los padres adoptivos reconocen los huevos de cuco y los arrojan fuera del nido. Pero una vez que el polluelo ha nacido, los padres cuidan de él.

El cuco y una nueva especie huésped

Los rabilargos del Japón y los cucos se han encontrado hace poco tiempo. Los rabilargos vivían en las llanuras bajas mientras que los cucos habitaban los prados de montaña. Sin embargo, a medida que ambas especies se extendían, sus áreas de distribución empezaban a superponerse. Los cucos empezaron a poner huevos en nidos de rabilargos y éstos los aceptaron como si fuesen suyos. En la actualidad, en algunas zonas hasta un 80 por ciento de los nidos de arrendajos contienen huevos de cuco. Se conoce el caso de una pareja de rabilargos que crió cinco polluelos de cuco, uno tras otro.

El huevo del cuco (*de color rosa*) es de un color diferente y de tamaño más pequeño que los huevos del rabilargo, pero éste no lo rechaza.

Habiendo nacido demasiado tarde para echar fuera del nido el resto de los huevos del rabilargo, este pollo de cuco (*izquierda*) come junto a una pareja de pollos de rabilargo más pequeños y menos desarrollados.

115

¿Reciben ayuda algunas aves cuando crían a sus pollos?

En la mayoría de especies de aves la cría de los jóvenes corre a cargo de uno o de ambos progenitores. Pero en algunas especies, éstos reciben la ayuda de los jóvenes que aún no tienen pareja, en lo que se denomina crianza cooperativa.

Este fenómeno se da en unas 300 especies de aves. Los ayudantes son siempre individuos de la misma especie que los padres, pero la colaboración no se produce siempre de la misma manera. En algunos casos, los pollos permanecen junto a los padres y les ayudan a cuidar a los nacidos el año siguiente. Otras veces, dos o más hembras comparten un mismo nido, o bien varios machos se aparean con una sola hembra.

Algunos ejemplos de aves que crían de este modo son el arrendajo azul de Florida, que vive en el sureste de los Estados Unidos; la polla de agua, en Japón, y el mosquitero de cola corta asiático. A primera vista podría parecer que los individuos colaboradores son un ejemplo de generosidad, pero en realidad están a la espera de un lugar para construir el nido, de comida más abundante o de una pareja para poder criar ellos también.

Los arrendajos azules se reparten las tareas

Los arrendajos azules de Florida crían a sus familias en territorios permanentes. Los padres forman parejas de por vida y, en casi la mitad de los casos, las familias se componen además de entre uno y seis de sus descendientes. Éstos pueden permanecer con sus padres hasta seis años, durante los cuales se ocupan de cuidar y proteger a los nuevos pollos que van naciendo. Las parejas que cuentan con esta ayuda sacan adelante más del doble de pollos que las parejas que crían solas.

La cooperación entre los mosquiteros

Los mosquiteros de cola corta que habitan los bosques del noreste asiático pasan el verano reproduciéndose entre la maleza del sotobosque. En esta especie, los ayudantes, que son siempre machos, se limitan a posarse en el borde del nido y cantar. Cuando los pollos han desarrollado ya el plumaje apto para el vuelo y abandonan el nido, son vigilados por el padre. La hembra, entonces, construye un segundo nido cerca del primero y se aparea con uno de los ayudantes que la acompañaron durante la primera cría. A diferencia de lo que sucedía en los arrendajos azules, en este caso algunos individuos se benefician inmediatamente de su ayuda y consiguen pareja

Dos ayudantes machos contemplan a una hembra de mosquitero mientras alimenta a sus pollos.

Un joven ayudante se exhibe ante una serpiente para intimidarla. Gracias a la ayuda de estos jóvenes, el éxito de los depredadores se reduce y un mayor número de pollos consigue llegar a la edad adulta.

Un ayudante se toma un descanso en la alimentación de los pollos y canta para señalizar el territorio familiar. El arrendajo azul de Florida prospera únicamente entre la maleza de los robledales, un hábitat escaso y muy disperso. Por ello estos jóvenes ayudantes pueden verse obligados a esperar años hasta encontrar un territorio adecuado para crear su propia familia.

La crianza cooperativa en la polla de agua

Las pollas de agua que habitan los pantanos, lagos y estanques de Japón colaboran también entre sí durante la crianza de sus pollos. Cada nidada de pollas de agua permanece junto a sus padres para ayudar a criar la siguiente. Suelen darse tres nidadas por año, y cada joven ayudante puede ver pasar a varias generaciones antes de abandonar la familia. No se conoce con seguridad el motivo por el cual los pollos de algunas especies se mantienen cerca de sus padres y los ayudan. Según una teoría, el pollo se queda con los padres porque le resulta muy difícil independizarse. Esto puede deberse a que existan pocas hembras para formar parejas, muy poco espacio disponible para crear nuevos territorios o muy poca comida para mantener poblaciones mayores. En otras zonas del mundo, las pollas de agua crían del modo habitual.

Una polla de agua joven alimenta a su hermano menor.

¿Por qué a los sirfos les gustan los pulgones?

Un sirfo pone sus huevos en una colonia de pulgones. En casi todas las especies de pulgones, los huevos resisten el invierno y se abren en primavera. De estos huevos surgen sólo pulgones hembra sin alas. Estas hembras no se aparean ni ponen huevos. En lugar de eso dan lugar a nuevas generaciones de hembras sin alas, sin necesidad de ser fecundadas por un macho.

Varias generaciones de pulgones hembra sin alas nacen sobre una misma planta originando una enorme población en poco tiempo. Estos pulgones constituyen un auténtico festín para las larvas del sirfo. Pero, al final, la población de pulgones desborda el espacio que ocupa y acaba por abandonarlo, lo cual puede ser un desastre para las larvas de las moscas.

Las puestas de los sirfos y los pulgones

Contando el número de huevos de sirfo y de pulgones, los investigadores demostraron que existe una relación directa entre ambas cantidades. En marzo, el número de pulgones en una colonia empieza a aumentar. A principios de abril, la población alcanza su máximo, y a partir de ahí se va manteniendo más o menos constante. A principios de mayo, cae. Las moscas casi no ponen huevos hasta unos 10 días antes de que la colonia alcance su máximo, y prácticamente dejan de hacerlo después. Poner huevos sólo cuando la colonia de pulgones está creciendo proporciona a las moscas la seguridad de que sus larvas tendrán comida abundante. Aparentemente, las moscas juzgan el estado de la colonia de pulgones en función de la presencia o ausencia de hembras aladas.

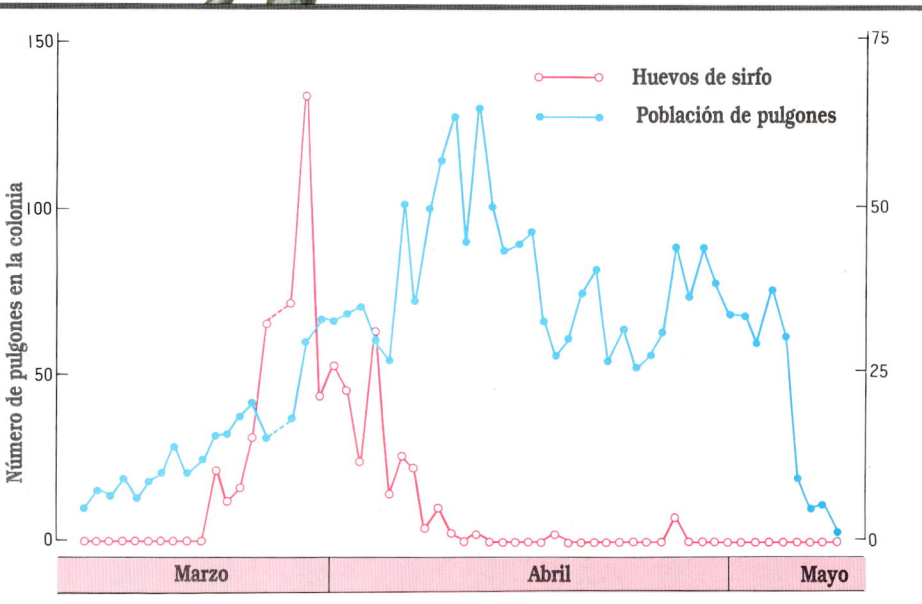

Los sirfos son unas moscas que depositan sus puestas en mitad de las colonias de pulgones, unos pequeños insectos causantes de una gran cantidad de plagas que atacan a las plantas. Los huevos de las moscas dan lugar a larvas que se alimentan de pulgones hasta que se convierten en moscas adultas. Pero los sirfos deben escoger las colonias de pulgones con mucho cuidado. Los pulgones son pequeños insectos que chupan la savia de las plantas. Pueden llegar a producir daños enormes, puesto que se reproducen muy deprisa. Cuando la colonia ya ha crecido mucho, los pulgones desarrollan alas y vuelan en busca de otras plantas. Al poco tiempo, la colonia muere. Para evitar que sus crías se mueran de hambre, el sirfo selecciona una colonia de pulgones todavía en fase de crecimiento en lugar de otra que haya alcanzado ya su población máxima. Si ve pulgones alados, la mosca ignora esa colonia y sigue buscando otra mejor donde depositar sus huevos.

Cuando la población de pulgones alcanza su número máximo, empiezan a nacer hembras aladas. Éstas se alejan y forman nuevas colonias sobre otras plantas. Más avanzada la estación reproductora nacerán machos y hembras alados y volarán fuera de la colonia para aparearse y poner huevos. La colonia original se extinguirá. Y, probablemente, las larvas de sirfo que vivan sobre esa planta se morirán de hambre.

Los pulgones de pega engañan a la mosca

Fabricando colonias de falsos pulgones, los investigadores descubrieron que son las alas de éstos las que advierten a las moscas de que una colonia no durará mucho tiempo. Los científicos colocaron sobre unas hojas grupos de cuentas de plástico de diferentes tamaños. Engancharon alas en algunas de las cuentas y formaron con éstas otros grupos que colocaron sobre otras hojas. Los diferentes tamaños de cuentas representaban pulgones grandes, pequeños y medianos. Los sirfos cayeron en la trampa y pusieron sus huevos entre los falsos pulgones. Pero evitaron los grupos que contenían cuentas con alas. Al parecer, éstas eran la señal que indicaba a las moscas que la colonia estaba a punto de desaparecer.

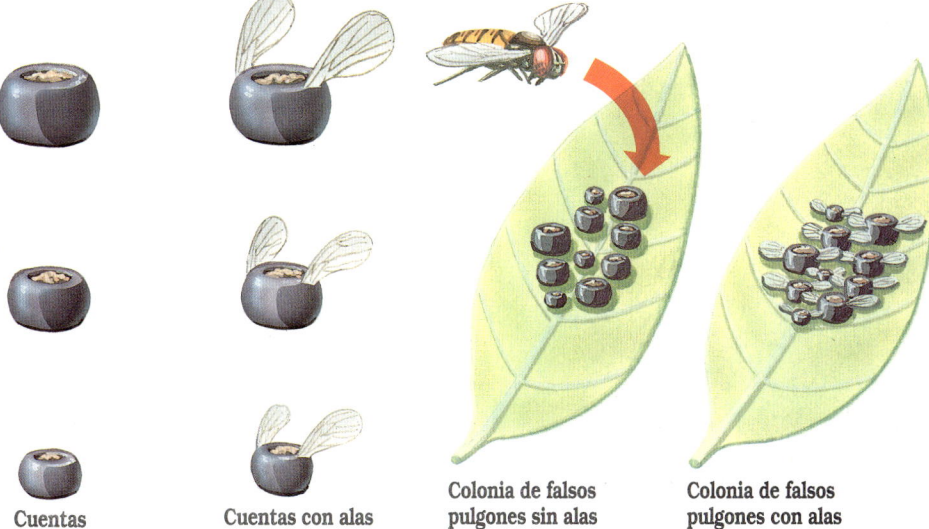

Cuentas   Cuentas con alas   Colonia de falsos pulgones sin alas   Colonia de falsos pulgones con alas

¿Cómo consigue el salmón regresar al río donde nació?

Los salmones tienen un extraordinario sentido de la orientación. Nacidos en ríos, migran hasta el mar y deambulan por el mundo durante años. Cuando llega el momento de reproducirse, encuentran el camino de vuelta hasta el río en el que nacieron. Deben para ello orientarse en el inmenso océano y pasar por delante de la desembocadura de muchos ríos hasta encontrar el que conduce al lugar exacto de su nacimiento. Cómo consiguen los salmones hacer tal cosa sigue siendo un misterio, pero los investigadores opinan que ciertos detalles del lugar de nacimiento del salmón perviven para siempre en su recuerdo, y que el pez utiliza tres sistemas para orientarse —el sol, el magnetismo terrestre y su sentido del olfato— a lo largo de su viaje.

Los jóvenes salmones pasan los primeros seis meses de vida en el lugar donde han nacido, a veces a cientos de kilómetros del mar.

El salmón regresa al lugar donde nació, se aparea, pone huevos y muere.

3 Un fino sentido del olfato. En el momento en que el salmón alcanza el río que abandonó años atrás, entra en juego un tercer sistema de orientación. Los investigadores creen que el pez puede diferenciar los ríos por su olor. Los ríos huelen de distinta manera porque fluyen sobre distintos tipos de suelo y de vegetación. Cuando el salmón reconoce el aroma del agua dulce que llega hasta el mar inicia el ascenso del río.

El salmón se adapta al agua dulce antes de remontar la corriente.

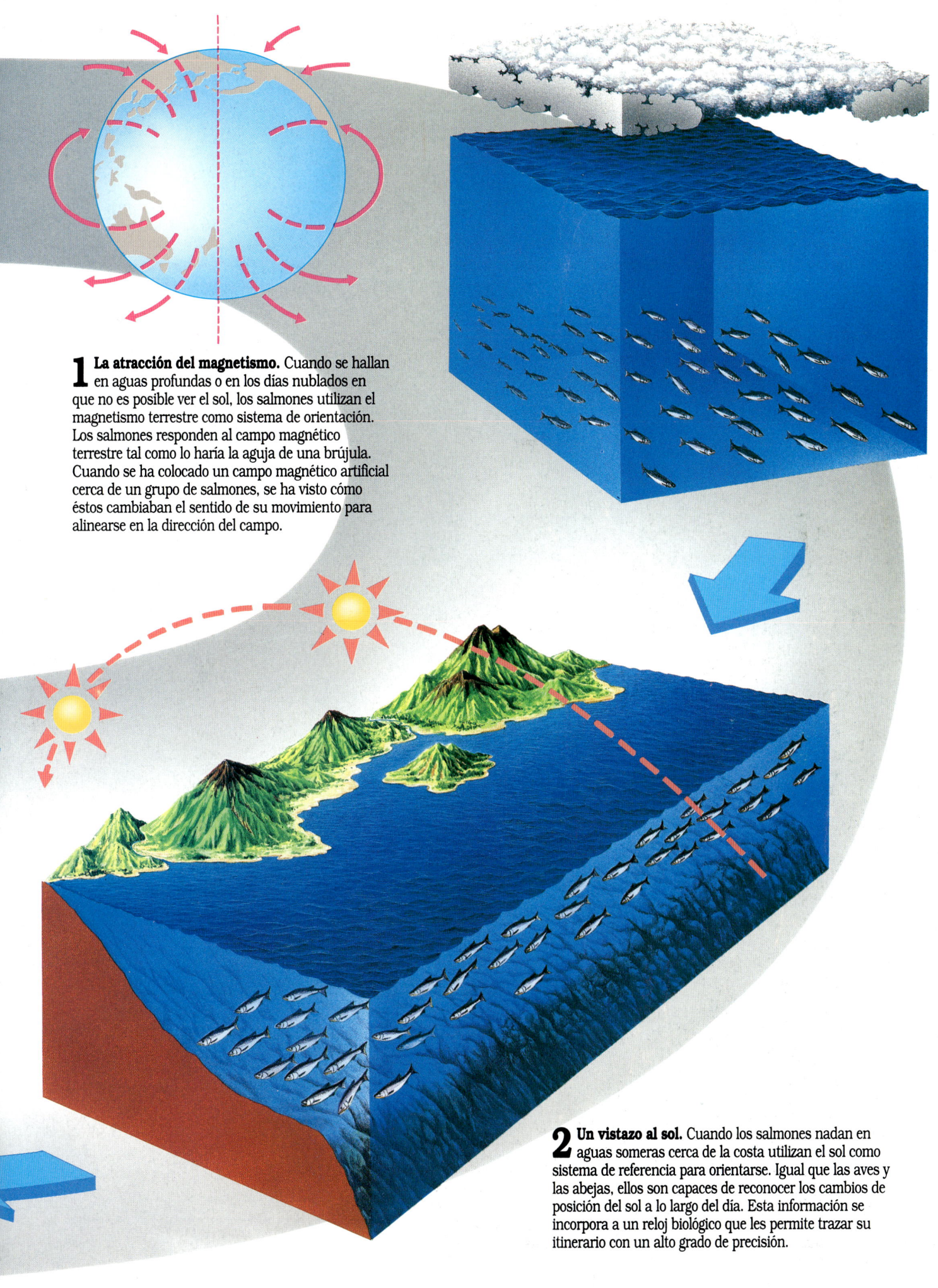

1 La atracción del magnetismo. Cuando se hallan en aguas profundas o en los días nublados en que no es posible ver el sol, los salmones utilizan el magnetismo terrestre como sistema de orientación. Los salmones responden al campo magnético terrestre tal como lo haría la aguja de una brújula. Cuando se ha colocado un campo magnético artificial cerca de un grupo de salmones, se ha visto cómo éstos cambiaban el sentido de su movimiento para alinearse en la dirección del campo.

2 Un vistazo al sol. Cuando los salmones nadan en aguas someras cerca de la costa utilizan el sol como sistema de referencia para orientarse. Igual que las aves y las abejas, ellos son capaces de reconocer los cambios de posición del sol a lo largo del día. Esta información se incorpora a un reloj biológico que les permite trazar su itinerario con un alto grado de precisión.

¿Por qué los gruñones sólo ponen huevos en luna llena o luna nueva?

El pez gruñón, que habita la costa occidental de América del Norte, pone sus huevos en playas arenosas entre los meses de marzo y septiembre. Inmediatamente después de que las mareas alcancen su punto más alto —lo cual suele suceder cada 15 días, o sea, en luna llena o luna nueva— los gruñones son transportados un gran trecho tierra adentro por la marea ascendente. Una vez fuera del agua, las hembras hunden la cola en la arena y ponen los huevos. Los machos rodean a las hembras y depositan el esperma, denominado lecha, que se filtra en la arena hasta fecundar los huevos (*derecha*). Cuando la fecundación ya se ha producido —todo el proceso dura unos 30 segundos— los peces se dejan arrastrar por una ola de regreso al mar.

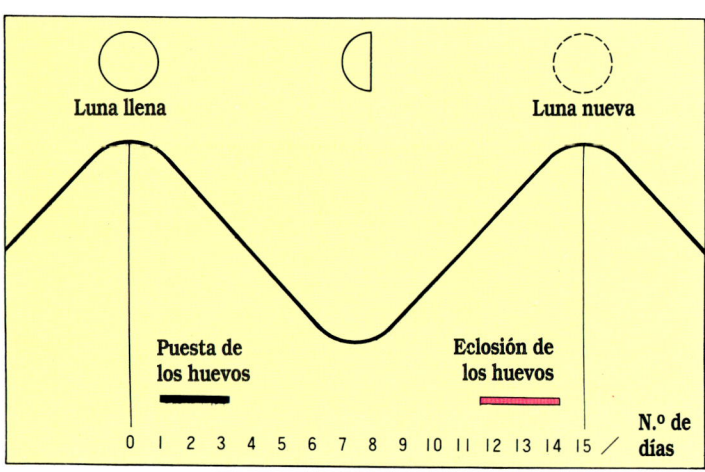

Durante la época de reproducción, la hembra del gruñón pone huevos en la playa las dos o tres noches que siguen a una marea viva. Durante las mareas vivas, la diferencia entre pleamar y bajamar es máxima. Y hay una marea viva cada vez que la luna está llena o nueva.

¿Por qué entierra los huevos el gruñón?

Al enterrar los huevos en la arena, el gruñón los protege del ataque de los depredadores: otros peces, cangrejos o estrellas de mar. Después, las olas irán acumulando más arena encima de los huevos. De esta manera quedarán protegidos también de las aves que hurgan con el pico en la arena en busca de comida. Cada hembra de gruñón pone entre 1.000 y 3.000 huevos justo después de la marea viva (*arriba, a la derecha*). En los días sucesivos, cuando las mareas son más bajas, los huevos permanecen a salvo, fuera del alcance de los animales marinos que podrían devorarlos (*en el centro, a la derecha*). La próxima vez que el agua alcance el lugar de la puesta, los huevos ya habrán eclosionado y los alevines serán arrastrados hasta el mar (*abajo, a la derecha*). Es esencial que el gruñón ponga sus huevos poco después de la marea más alta, porque si lo hiciese en el mismo instante en que el agua alcanza el nivel máximo, la marea no llegaría después hasta los alevines y éstos se perderían.

Otras especies que se reproducen aprovechando las mareas vivas

Los gruñones no son los únicos animales que se reproducen únicamente durante las mareas vivas. El pez globo y el cangrejo de pinzas rojas, ambos originarios de Japón, desovan también durante estas mareas. Entre mayo y agosto, el pez globo pone huevos en las costas rocosas durante las cinco noches anteriores y posteriores a cada marea viva. El cangrejo de pinzas rojas vive en tierra firme, pero pasa su época de larva en el mar. Durante la estación reproductora, las hembras se reúnen en la orilla y producen masas de huevos que se desarrollarán para dar las larvas. Éstas permanecen sujetas al abdomen de los adultos hasta la primera marea viva. Entonces, los cangrejos se dirigen al mar y dejan las larvas en el agua.

El pez globo pone los huevos entre las piedras de las costas japonesas.

El cangrejo de pinzas rojas libera sus larvas en el mar.

4 El comportamiento social

Muchos animales viven en grupos organizados; por ejemplo, diversas especies de hormigas, monos, arañas y aves. Las abejas forman colmenas; las aves, bandadas, y los mamíferos, desde los murciélagos a los lobos, viven en grupos. En muchos de estos grupos existe una división del trabajo entre sus componentes. Este tipo de organización es lo que se llama una estructura social. Para mantener tales estructuras, los animales se comunican entre sí por medio de diversos sistemas, que van desde las señales químicas que intercambian los insectos a los gestos y vocalizaciones de los chimpancés.

Las estructuras sociales pueden ser complicadas. Por

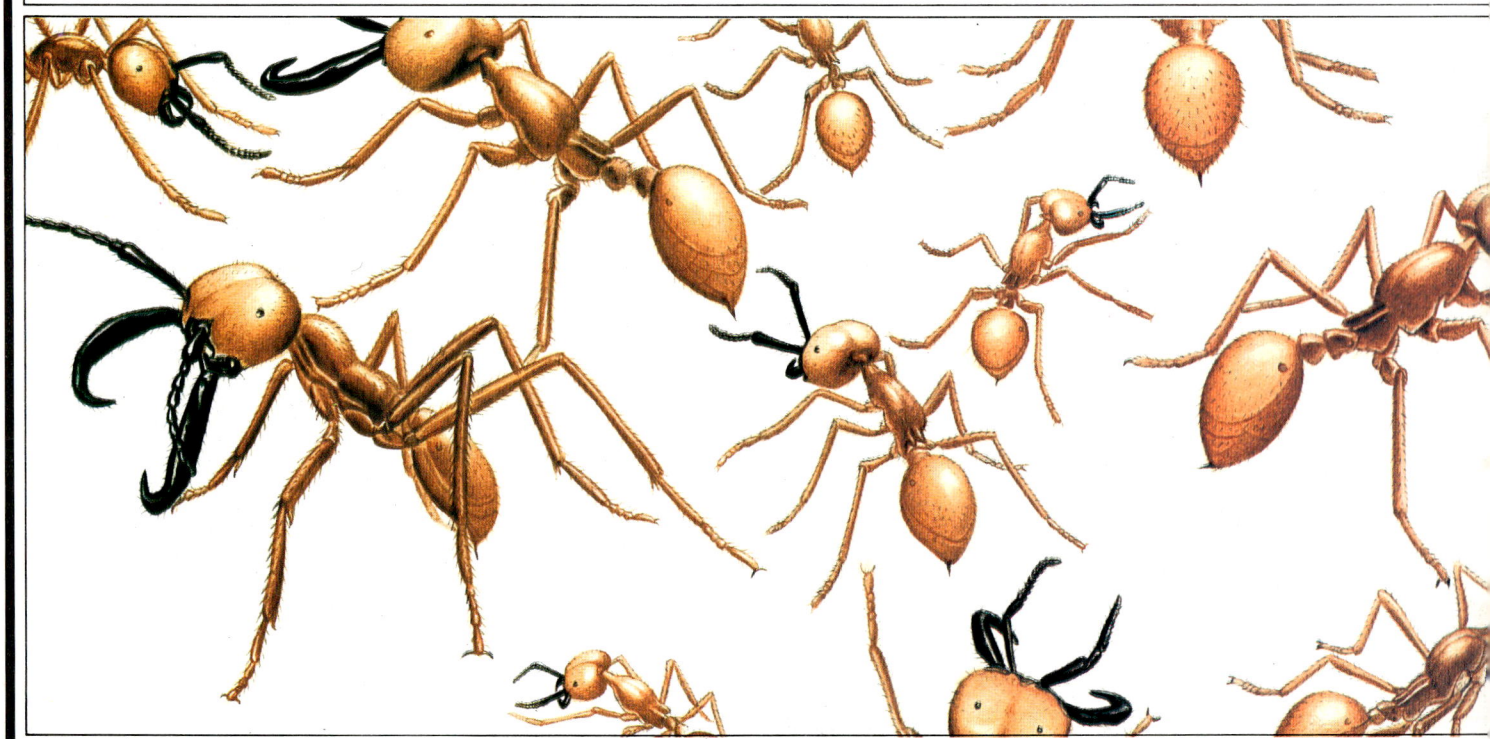

ejemplo, en el caso de las hormigas, encontramos obreras, soldados y una reina, cada uno con una forma característica que le permite llevar a cabo tareas diferentes. El papel de la reina consiste en aparearse y poner huevos. Una hormiga reina que ya se haya apareado puede partir sola para iniciar una nueva colonia con las hormigas que nazcan de sus huevos. Cuando una colmena crece demasiado, las obreras crían a una nueva reina. La vieja se va volando y con ella marcha una parte de la colonia para formar una nueva colmena.

Una de las organizaciones sociales más sencillas es la que consiste en un progenitor con varias parejas, como es el caso de los grupos familiares de leones y tamarinos. Entre los demás primates se encuentran organizaciones más complejas, grupos organizados según una jerarquía, ya sea de machos o de hembras. Las asociaciones varían también en tamaño, desde una pareja que se une para toda la vida y sus descendientes hasta agrupaciones con miles de miembros.

Los chimpancés (*arriba*) forman pequeños grupos y se comunican entre sí por medio de sonidos y expresiones faciales. Las hormigas legionarias (*abajo*) viven en colonias compuestas por decenas de miles de insectos y utilizan sustancias químicas para intercambiar mensajes.

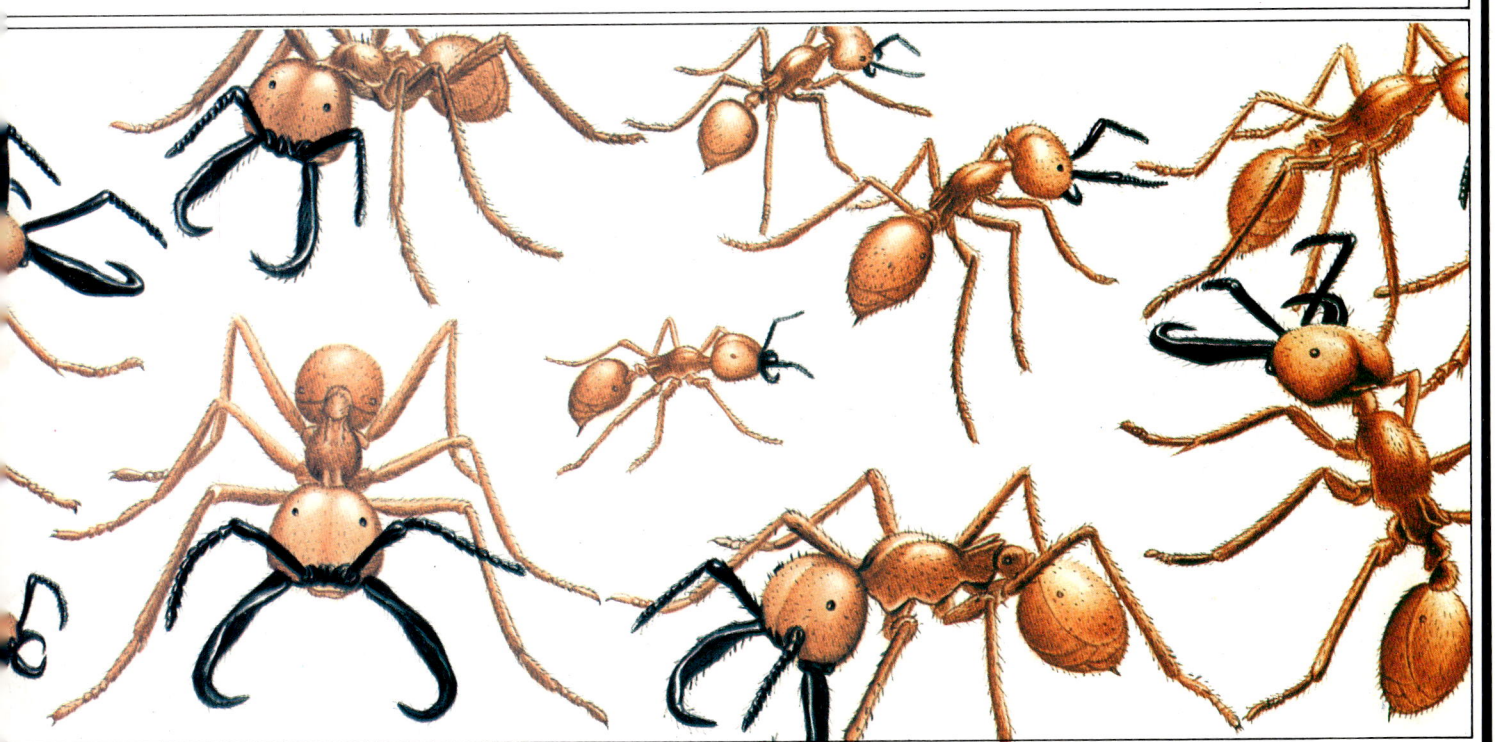

¿Desfilan las hormigas legionarias?

Las hormigas legionarias suelen formar enormes colonias, principalmente en las regiones tropicales de África y Suramérica. Las más pequeñas constan de 10.000 miembros y algunos hormigueros africanos tienen hasta 30 millones. A pesar de lo grande que pueda llegar a ser una colonia, siempre cuenta con una sola reina y el resto de sus componentes son obreras o soldados. Los soldados desfilan como un ejército a la búsqueda de comida, insectos, por lo general, incluso otras hormigas. Para mantener una aportación constante de comida, las legionarias suelen trasladar el hormiguero a nuevos lugares cada cierto tiempo. Las obreras transportan los huevos y los individuos inmaduros hasta el nuevo hormiguero, a varios centenares de metros de distancia.

La fase viajera y la fase sedentaria

Una sociedad de legionarias divide su tiempo entre el viaje y el descanso. Durante la fase viajera, la colonia se traslada en columna, deteniéndose en un lugar diferente cada día. Durante esta marcha, los soldados cazan intensamente para poder alimentar a las numerosas hormigas inmaduras y a las larvas en pleno desarrollo. Durante la fase sedentaria, las hormigas se instalan en un lugar fijo durante un cierto periodo de tiempo. Las legionarias de las regiones tropicales de América viajan entre 14 y 17 días y descansan durante 21 días. Estos periodos se relacionan con el ciclo reproductor de la reina. Tras una semana de descanso, su abdomen está repleto de huevos. Los pone a finales de la segunda semana, y al poco tiempo el abdomen se ha encogido ya lo suficiente para permitirle viajar.

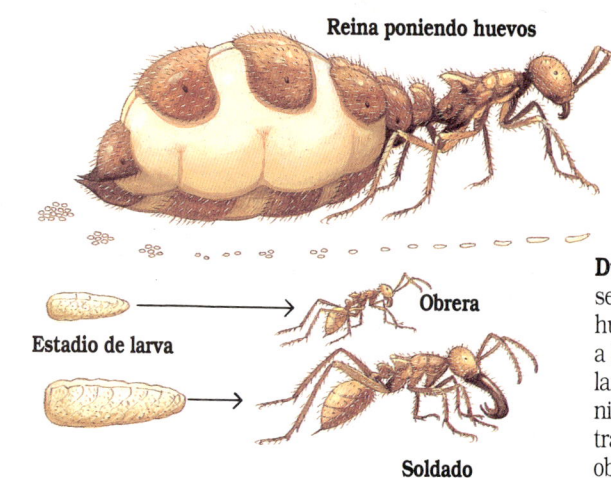

Durante cada fase sedentaria, los huevos dan origen a las larvas, y las larvas traídas del nido anterior se transforman en obreras y soldados.

Soldados al ataque

Obreras unidas por las patas para formar el nido

Durante la fase viajera, las nuevas obreras se unen a otras de su casta o grupo social y la colonia entera se desplaza en busca de comida para alimentar a las larvas que se están desarrollando.

Obreras jóvenes y viejas

Las hormigas se detienen para iniciar una nueva fase sedentaria tras dos semanas de marcha. El ciclo de alternancia entre fases viajera y sedentaria podría estar desencadenado por cierta sustancia segregada por las larvas.

127

¿En qué trabajan las abejas?

Una abeja nace formando parte de una de las tres castas o grupos sociales que componen la colmena, y no puede cambiar a otra. Cada casta desempeña diferentes trabajos dentro de la organización de la sociedad. En el centro de cada colmena existe una única reina que pone los huevos. Los zánganos se dedican a fecundar a la reina. Las obreras atienden las necesidades de la colmena y de todos sus habitantes.

A medida que crecen, las obreras cambian su posición y funciones dentro de la colmena, alejándose cada vez más del centro. Las obreras más jóvenes son las que siempre se encargan de los trabajos vitales para la colmena, como el cuidado de los jóvenes. Las obreras más viejas construyen nuevas celdillas en los panales y reparan las viejas con la cera que segrega su abdomen. Hay siempre más obreras que trabajo por hacer, de modo que algunas están ocupadas en trabajos de menor importancia o incluso permanecen ociosas.

1. En cuanto salen de sus celdas, las obreras limpian otras celdas donde se colocarán nuevos huevos. **2.** Las obreras de tres días de edad dan de comer a las larvas, trayéndoles miel y polen. **3.** Las obreras de una semana realizan vuelos de orientación para aprender la situación de la colmena. **4.** A las dos semanas, las obreras reparan las celdas, sacan los desperdicios al exterior y fabrican cera. **5.** También vigilan la entrada, comprobando la identidad de las obreras que regresan y refrigerando la colmena con el movimiento de sus alas. **6.** A partir de la tercera semana de vida, las obreras recolectan néctar, polen, resinas y agua. Descansan durante la noche.

El reparto del trabajo entre las abejas

La colmena está construida de manera que las celdas donde se crían las larvas están situadas en el centro. El polen se almacena cerca de ellas y la miel más lejos. A medida que van surgiendo nuevas obreras de las celdas situadas en el centro, las abejas más viejas se ven forzadas a irse desplazando hacia las partes exteriores de la colmena. Este desplazamiento lleva consigo un cambio de funciones, dependiendo siempre de lo que sea preciso hacer en el lugar donde se hallan. Las gráficas de la derecha muestran el tiempo que una obrera dedica a cada uno de los diferentes trabajos de la colmena y como éste varía a lo largo de su corta vida de cuatro semanas.

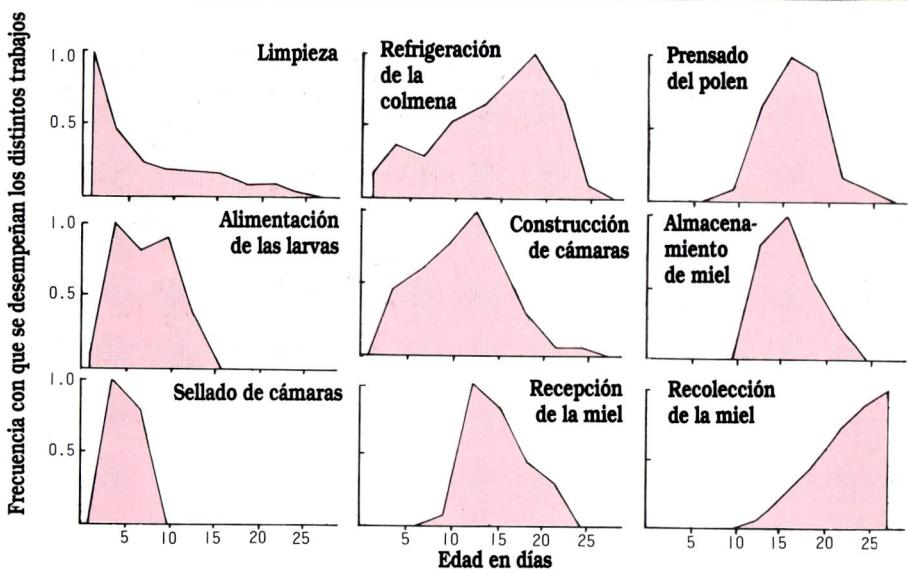

Una actividad para abejas ociosas

Debido a que no siempre hay suficiente trabajo para todos en el interior de la colmena, algunas obreras se encuentran a veces con nada o muy poco que hacer. En esos casos, caminan sin rumbo fijo o se quedan inmóviles mirando a su alrededor. O bien se dedican a una curiosa actividad que se denomina cepillado (*derecha*). La obrera utiliza las patas traseras y las centrales para impulsar su cuerpo de un lado a otro, y mientras oscila tanto como le es posible usa las patas delanteras libres para nivelar y pulir la cérea superficie del panal. Esta actividad se llama cepillado por su semejanza con el trabajo que un carpintero realiza con el cepillo para desbastar la madera.

Cepillado

¿Por qué abandonan los zánganos la colmena?

Los apicultores estuvieron convencidos durante mucho tiempo de que cuando la abeja reina abandonaba la colmena en su vuelo nupcial, todos los machos, los llamados zánganos, la seguían. Se creía que sólo los machos más fuertes conseguían aparearse con ella. Los investigadores descubrieron más tarde que las cosas no funcionaban de ese modo. En realidad, los zánganos salen de la colmena cada tarde, haya salido o no la reina. Vuelan hasta un lugar determinado, donde se reúnen machos procedentes de diversas colmenas. Si llega hasta allí una reina de cualquiera de ellas, una gran parte de los machos que pululan por el lugar puede llegar a fecundarla.

Castas y formas en las abejas

Obrera (hembra)

Zángano (macho)

Reina antes de ser fecundada

Reina cargada de huevos

Cada tarde, los zánganos procedentes de las colmenas próximas se reúnen en un espacio abierto, entre 45 y 90 metros por encima del suelo. Allí zumban y giran formando una esfera de unos 45 metros de diámetro. Si el número de zánganos reunidos aumenta, la esfera puede llegar a tener hasta 180 metros de diámetro.

Los zánganos mueren tras fecundar a la hembra. Cuando uno de ellos muere y cae al suelo (*izquierda*), la hembra es fecundada por otro. Cuando ya se ha apareado con muchos machos, regresa a la colmena. Utiliza el esperma, que conserva en un saco especializado en el interior del cuerpo, para fecundar los huevos que darán lugar a nuevas abejas.

La abeja reina vuela hasta el lugar donde se reúnen los zánganos. Cuando llega, todos ellos se congregan zumbando a su alrededor. La reina y uno de los zánganos emprenderán juntos un vuelo y se aparearán.

El uso de globos para encontrar zánganos

Los científicos estudian la conducta de los zánganos en el aire con la ayuda de globos llenos de helio y radares. El radar mide el tamaño de la esfera de zánganos. El globo transporta a una abeja reina enjaulada. Cuando ésta se pasea entre un grupo de zánganos, los machos perciben sus feromonas y se agrupan en grupos más pequeños y densos que la siguen.

Los zánganos en la colmena

Los zánganos no desempeñan ningún trabajo en la colmena. Durante la mayor parte del día se limitan a merodear y a limpiarse o a hacerse alimentar por las obreras (*arriba*). A veces, los zánganos toman la miel directamente de las celdas donde está almacenada. Una semana después de alcanzar la madurez, empiezan a abandonar la colmena cada tarde para dirigirse a sus áreas de reunión. Regresan unos 30 minutos más tarde, reciben algo de miel, y marchan de nuevo inmediatamente. Un zángano en buen estado de salud repite varias veces este proceso. Los zánganos que han conseguido aparearse mueren y no regresan a la colmena.

¿Por qué algunas aves vuelan en bandadas?

Una de las razones por la que las aves vuelan en bandadas es dificultar a los depredadores la elección de un individuo en concreto al que atacar, una estrategia muy útil para los pájaros pequeños. Otra razón es ahorrar energía durante el largo vuelo migratorio. Ésta es especialmente válida en el caso de aves de gran tamaño, las cuales gastan más energía durante el vuelo que las pequeñas. Cuando un grupo de aves grandes vuela adoptando una formación en forma de V, cada uno de sus componentes obtiene beneficios de las corrientes de aire generadas por el ave que lleva delante. Cuando un pájaro vuela, crea turbulencias. El aire situado justo detrás de la cola se mueve hacia abajo, mientras que el aire de detrás de las alas lo hace hacia arriba. Un ave que sigue a otra se coloca en una posición tal que consigue flotar sobre las corrientes ascendentes que originan las alas del individuo situado delante y ahorrar así energía. Cuando unas cuantas aves vuelan juntas y se colocan de este modo, resulta automáticamente la característica disposición en forma de V.

Los cisnes vuelan en formaciones en V. Mientras vuelan se van turnando en la posición de cabeza, en la que el vuelo resulta más costoso.

Así vuelan las aves de pequeño tamaño

A diferencia de las aves grandes como los cisnes, cuyas alas tienen un diseño perfecto para volar a un nivel constante, los pájaros pequeños, como los gorriones y bulbules, poseen alas adaptadas para rápidos despegues y aterrizajes. Como resultado, estos pájaros vuelan moviéndose arriba y abajo, tal y como se representa en el dibujo. Alternan un batido de alas que los impulsa hacia arriba con un momento de descanso durante el que pliegan las alas hacia los costados y descienden.

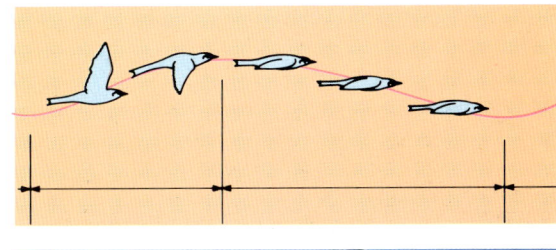

Las bandadas de bulbules alternan el vuelo batido y el planeado.

El vuelo en una formación en V permite una utilización eficaz de las corrientes de aire. Mientras el ave bate las alas crea corrientes descendentes detrás de la cola y ascendentes a sus costados, tras las alas. Cuando un ave vuela hacia el costado de la que la precede obtiene un empujón hacia arriba.

¿Cómo se orientan las aves migradoras?

Utilizar el sol como referencia

Un famoso experimento realizado con estorninos demostró que muchas aves utilizan el sol como punto de referencia para orientarse. Durante el experimento, representado a la derecha, los estorninos fueron encerrados en una jaula circular provista de seis ventanas a través de las que podían ver el cielo. En los días soleados, los pájaros se colocaron mirando en la dirección en la que hubiesen viajado en circunstancias normales. A continuación, los experimentadores colocaron espejos en las ventanas para simular que el sol se hallaba en diferentes posiciones. Engañados por los espejos, los estorninos se orientaron en la dirección que correspondería a la adecuada si el sol estuviese realmente donde parecía. Cuando el cielo estaba cubierto y no era posible ver el sol, los pájaros no daban muestras de orientarse en ninguna dirección concreta.

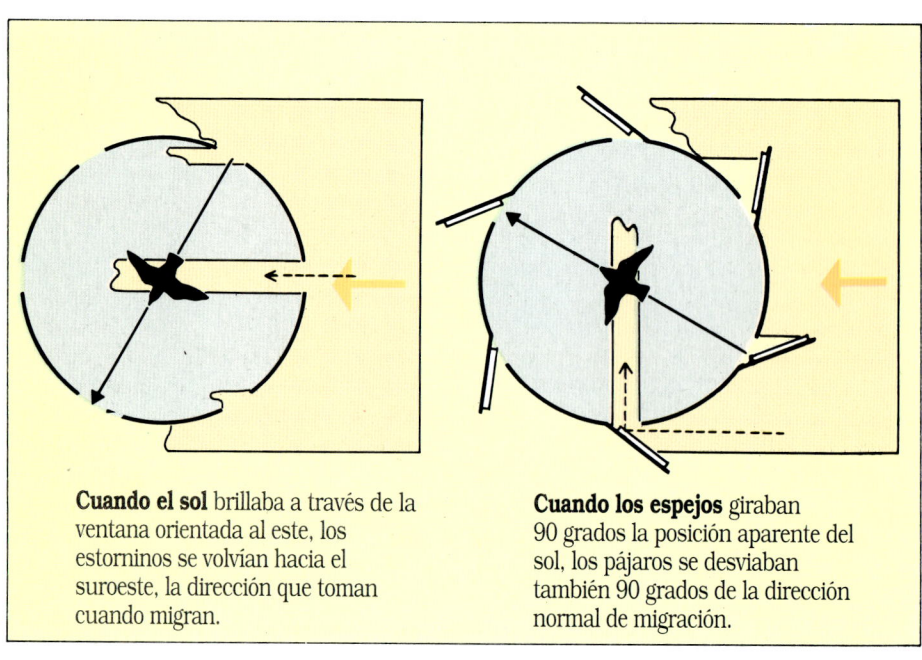

Cuando el sol brillaba a través de la ventana orientada al este, los estorninos se volvían hacia el suroeste, la dirección que toman cuando migran.

Cuando los espejos giraban 90 grados la posición aparente del sol, los pájaros se desviaban también 90 grados de la dirección normal de migración.

Las aves que migran a través de largas distancias se orientan gracias a métodos diversos. Si pueden ver el sol, se guían por él. Las aves poseen un conocimiento instintivo del movimiento del sol. En cualquier lugar donde se encuentren, la posición del sol sirve a las aves para determinar su posición y la dirección en que se dirigen. Cuando el sol se pone, se orientan por la luna y las estrellas. Además del sol, parece ser que las aves utilizan también los campos magnético y gravitatorio para encontrar su punto de destino.

Migrar a enormes distancias

El charrán ártico es el ave migradora que se desplaza a una mayor distancia. Pasa el verano por encima del círculo polar ártico y después se dirige al sur para pasar el verano antártico. Aunque los charranes utilizan unas cuantas rutas migratorias diferentes (*derecha*), la más común cubre más de 35.000 kilómetros, desde Canadá a través de Europa, África y Suramérica hasta la Antártida. Gracias a tan enorme migración, los charranes árticos disfrutan del verano durante todo el año. Al igual que otras aves, se orientan por medio del sol y por un sistema aún desconocido de percibir e interpretar el campo magnético terrestre y tal vez también el gravitatorio.

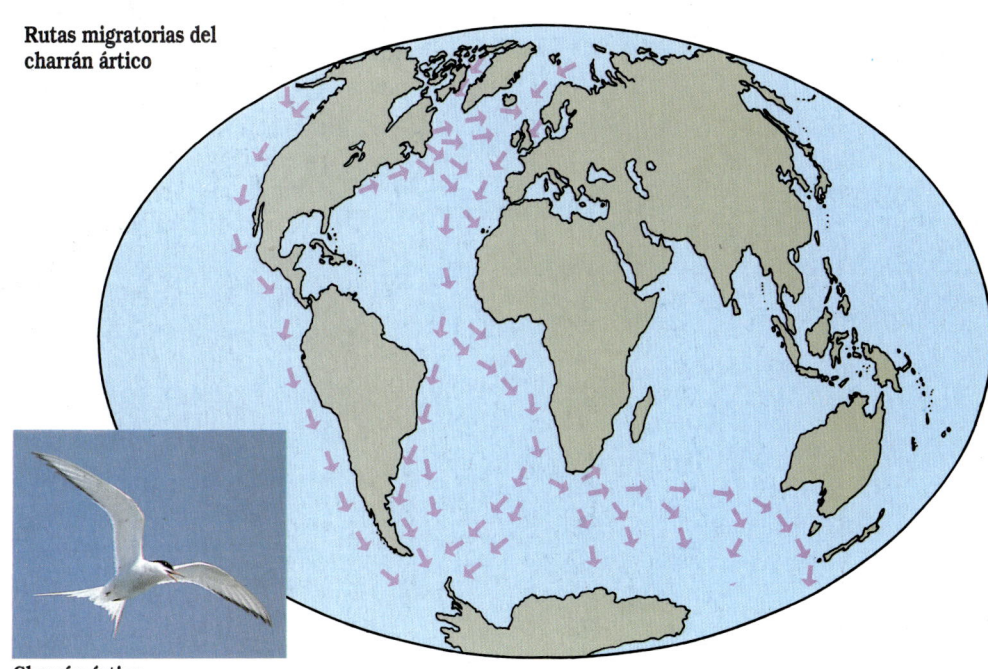

Rutas migratorias del charrán ártico

Charrán ártico

¿Cómo se orientan las aves por la noche cuando no pueden ver el paisaje?

▲ Papamoscas

Las aves se orientan con la ayuda de las estrellas

En el transcurso de varios experimentos realizados durante la década de los 60 y la de los 90, algunos investigadores situaron unas cuantas aves en el interior de un planetario en cuya cúpula proyectaron una imagen del cielo nocturno. Cuando brillaban las estrellas, las aves volaban en la misma dirección que solían tomar durante sus vuelos migratorios *(abajo, a la izquierda)*. Sin embargo, cuando quitaban la proyección, las mismas aves volaban en todas direcciones *(abajo, a la derecha)*. Quedaban confundidas por la ausencia de las estrellas que les servían de orientación.

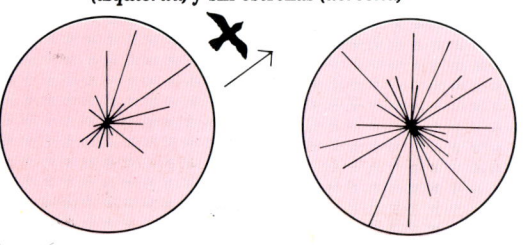

Direcciones del vuelo con estrellas *(izquierda)* y sin estrellas *(derecha)*

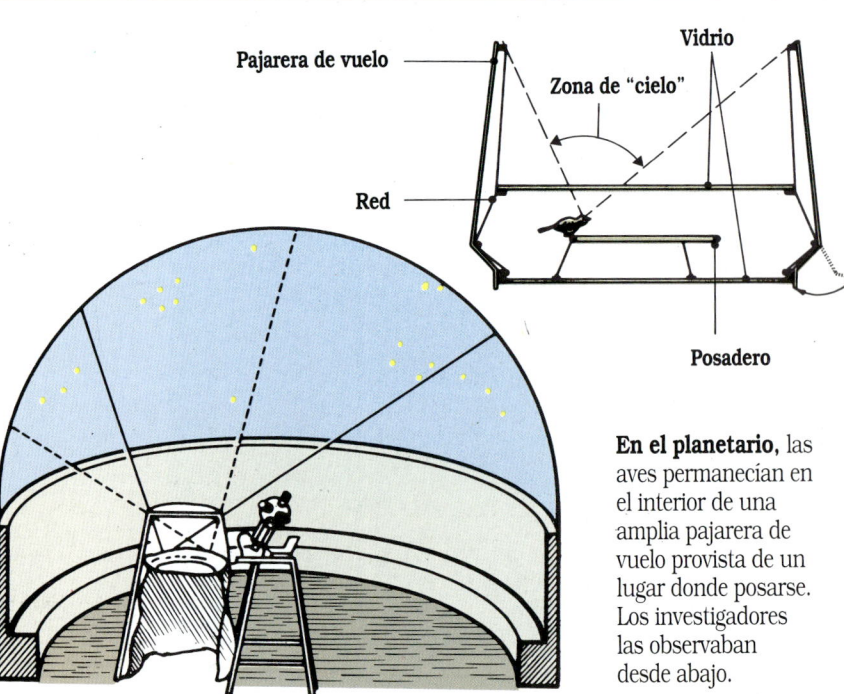

En el planetario, las aves permanecían en el interior de una amplia pajarera de vuelo provista de un lugar donde posarse. Los investigadores las observaban desde abajo.

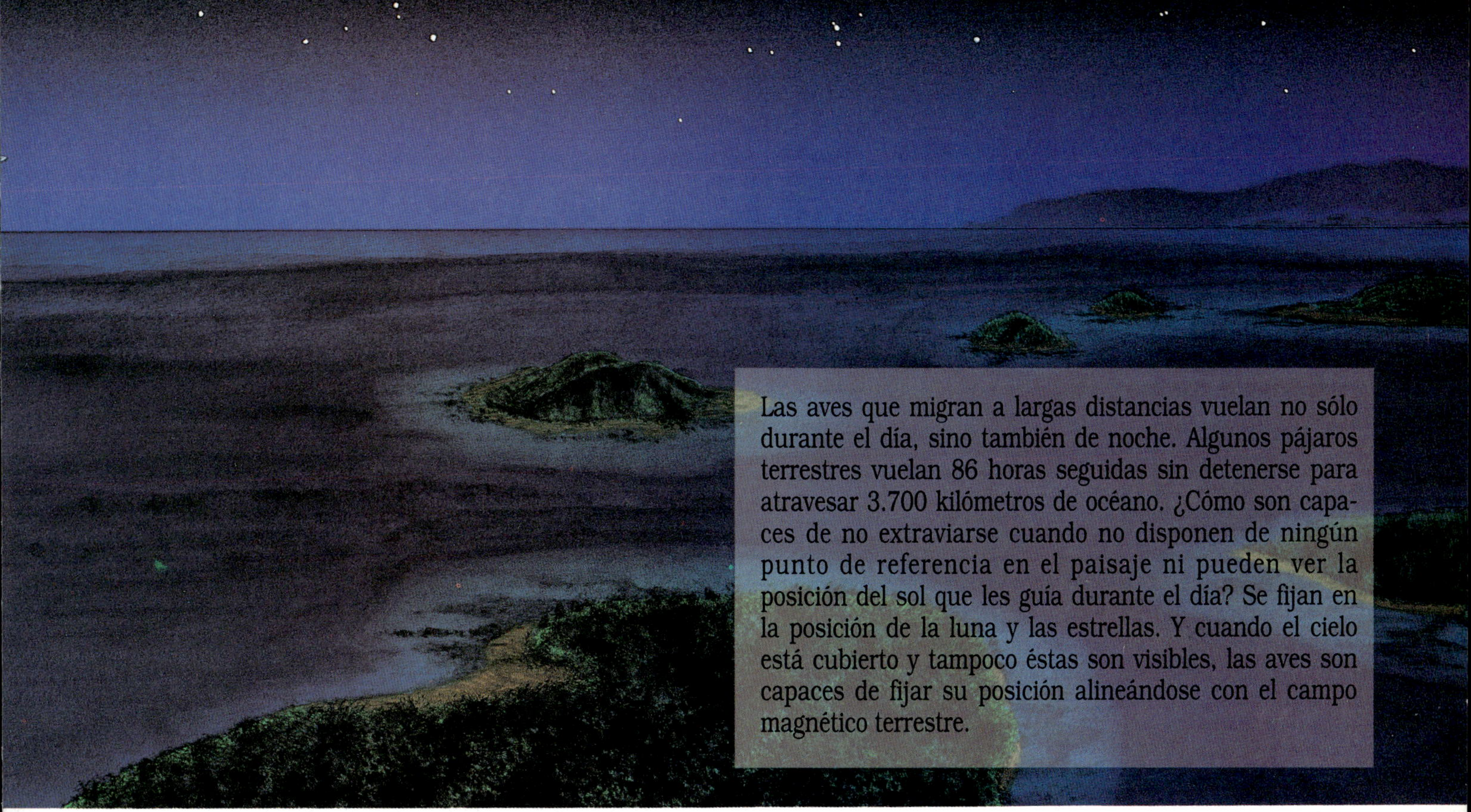

Las aves que migran a largas distancias vuelan no sólo durante el día, sino también de noche. Algunos pájaros terrestres vuelan 86 horas seguidas sin detenerse para atravesar 3.700 kilómetros de océano. ¿Cómo son capaces de no extraviarse cuando no disponen de ningún punto de referencia en el paisaje ni pueden ver la posición del sol que les guía durante el día? Se fijan en la posición de la luna y las estrellas. Y cuando el cielo está cubierto y tampoco éstas son visibles, las aves son capaces de fijar su posición alineándose con el campo magnético terrestre.

Percibir el campo magnético terrestre

Parece ser que las aves poseen una brújula en el interior de su cerebro que les permite orientarse según el campo magnético terrestre. Unos investigadores realizaron un experimento en el que sujetaron pequeños imanes al cuello de unas palomas. Cuando las dejaron libres para volar hasta sus nidos, observaron que las aves se orientaban sin problemas en los días soleados, pero tenían ciertas dificultades para hacerlo en los días cubiertos. Este hecho parecía indicar que las aves se orientaban bien en los días soleados porque utilizaban el sol como referencia, y tenían problemas en los días nublados porque los imanes interferían con su lectura del magnetismo terrestre. Cuando los imanes fueron sustituidos por pequeñas piezas de plomo, las palomas se orientaron correctamente tanto en los días soleados como en los nublados. Lo que apoya la idea de que podrían estar utilizando el magnetismo terrestre como sistema de referencia.

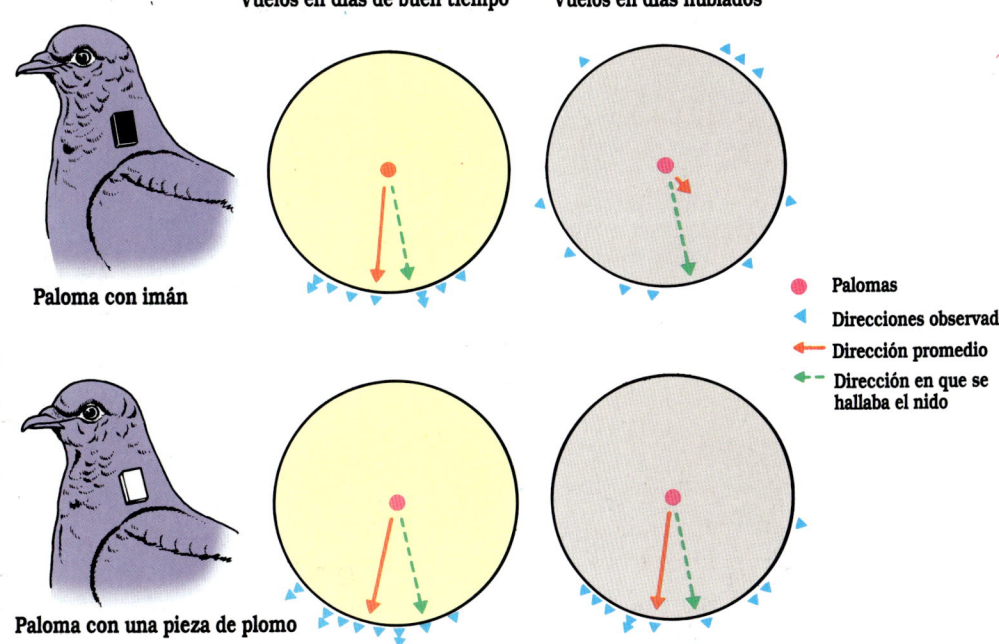

Paloma con imán

Paloma con una pieza de plomo

Vuelos en días de buen tiempo

Vuelos en días nublados

- ● Palomas
- ◀ Direcciones observadas
- ← Dirección promedio
- ←-- Dirección en que se hallaba el nido

¿Cómo es la vida en un grupo de leones?

Los leones son animales sociales que viven en grupos. Son grupos familiares compuestos por hasta una docena de hembras adultas emparentadas, sus cachorros y un número de machos que oscila entre uno y seis. Las hembras jóvenes permanecen en el grupo cuando alcanzan la madurez, pero los machos son expulsados por el dominante. Los jóvenes que han abandonado el grupo familiar deambulan juntos hasta que consiguen hacerse con un grupo propio y aparearse.

Las hembras son las encargadas de cazar para suministrar comida al grupo. Lo hacen todas juntas, rodeando a una cebra o a la presa de que se trate de modo que no pueda escapar. Las leonas comparten sus presas con los machos y los cachorros.

A pesar de ser mucho mayores que las hembras, los machos sólo cazan cuando no forman parte de ningún grupo. Dentro de éste, reservan sus fuerzas para combatir contra otros machos ajenos al grupo. Cuando un extraño penetra en su territorio, el macho dominante trata de alejarlo con una exhibición de fuerza. Si ésta falla, tiene lugar el combate.

Los machos de un mismo grupo no pelean entre sí, sino únicamente contra los extraños que intentan apoderarse del grupo o del territorio. En estos casos, el combate es feroz. En ocasiones, el perdedor muere. Por este motivo, los machos suelen evitar las peleas, siendo lo normal que el macho más pequeño se retire. La melena característica del león le hace parecer mayor de lo que es en realidad y, de este modo, puede disuadir a otros machos de llegar al enfrentamiento.

Cambios en un grupo de leones

Las hembras de un grupo van cambiando a medida que mueren y nacen otras nuevas, pero los machos pueden aparecer y desaparecer dependiendo del resultado de sus peleas con otros machos. Cuando un macho recién llegado se hace con el liderazgo de un grupo, en ocasiones da muerte a algunos de los cachorros de su predecesor. Al poco tiempo, las madres de estos cachorros se aparean con el nuevo macho dominante. Normalmente, una leona cuida de sus cachorros hasta que éstos tienen dos años de edad, y durante este tiempo no se aparea. Al matar a los cachorros, el nuevo macho se asegura de que no deberá esperar dos años para aparearse y producir su propia descendencia. Esto aumenta sus probabilidades de tener una numerosa progenie y de que una parte de ésta sobreviva en el caso de que otro macho le arrebate el dominio sobre el grupo.

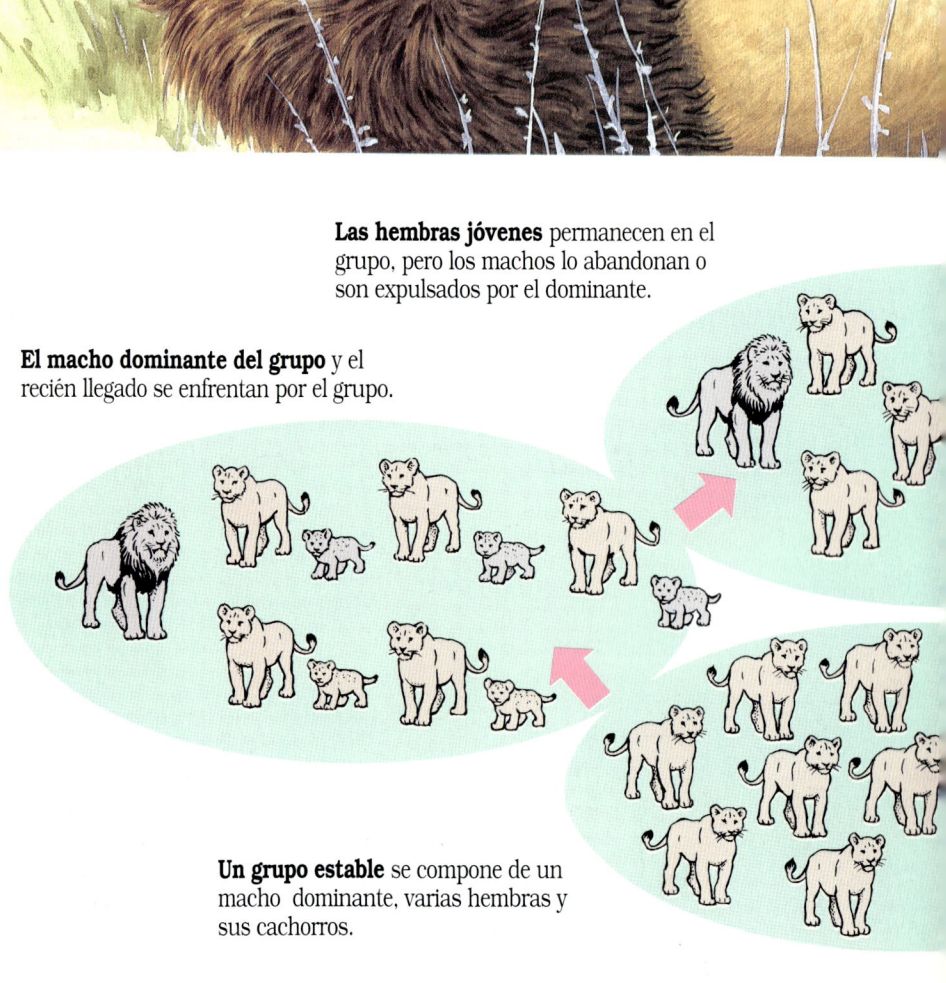

Las hembras jóvenes permanecen en el grupo, pero los machos lo abandonan o son expulsados por el dominante.

El macho dominante del grupo y el recién llegado se enfrentan por el grupo.

Un grupo estable se compone de un macho dominante, varias hembras y sus cachorros.

Una leona vigila los cachorros del grupo. Todas las hembras colaboran en la crianza de los pequeños. Las madres dan de mamar a cualquier cachorro sin hacer diferencias entre los suyos y los de las otras hembras.

Un macho que acaba de arrebatarle un grupo a otro macho puede matar a algunos de los cachorros nacidos del anterior dominante. Pero, en general, los machos ignoran a los cachorros y nunca dan muerte a sus propios hijos.

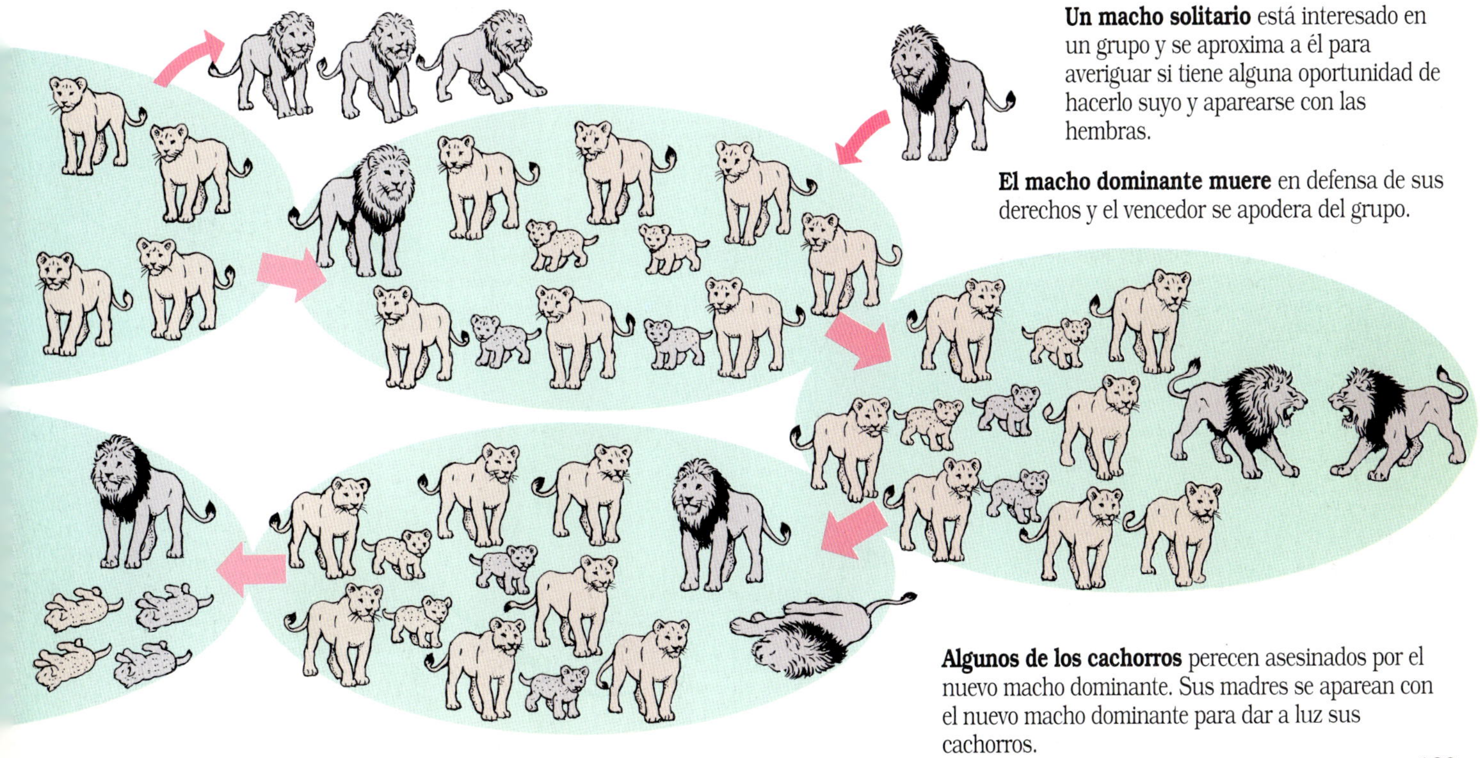

Un macho solitario está interesado en un grupo y se aproxima a él para averiguar si tiene alguna oportunidad de hacerlo suyo y aparearse con las hembras.

El macho dominante muere en defensa de sus derechos y el vencedor se apodera del grupo.

Algunos de los cachorros perecen asesinados por el nuevo macho dominante. Sus madres se aparean con el nuevo macho dominante para dar a luz sus cachorros.

¿En qué consisten las asociaciones de primates?

Los primates, un orden que comprende todos los monos, incluidos los antropoides, y también al hombre, viven casi siempre en grupos. Sin embargo, el tipo de organización social varía enormemente entre las casi 200 especies diferentes de primates. En algunas de ellas, macho y hembra se juntan sólo durante la época de la reproducción, mientras que en otras forman parejas que duran toda la vida. Tanto machos como hembras pueden aparearse con un único individuo o con varios pertenecientes a su mismo grupo. Por ejemplo, las hembras de los tamarinos suramericanos tienen varios machos. Suelen dar a luz gemelos, y los machos, uno solo de los cuales es el padre, ayudan a criarlos. Otro tipo de asociación que se da entre los primates es la del papión hamadrías, que vive en harenes compuestos por un macho reproductor y varias hembras fértiles. Varios de estos harenes se unen para formar una banda, y éstas se reúnen para dormir juntas en grupos que pueden tener hasta 750 miembros.

Una relación monógama

Los gibones son monógamos, lo que significa que tienen una única pareja con la que conviven durante toda la vida.

Una vida independiente

El orangután es una de las escasas especies de primates que no forma grupos. Sólo durante la época de cría llegan a juntarse, cada individuo con varias parejas. Los jóvenes viven con sus madres hasta que tienen la edad suficiente para iniciar su propia vida en solitario.

Una sociedad matriarcal

Muchos macacos viven en clanes compuestos por machos, hembras y sus crías. Cuando los machos llegan a la madurez, abandonan el clan para unirse a otro o para vivir solos. Las hembras permanecen en el clan y forman una jerarquía fundamentada en la posición que sus madres ocupaban en el grupo, que siempre está dirigido por las hembras situadas en el puesto más alto.

● **Una sociedad patriarcal**

Los grupos de chimpancés se organizan alrededor de varios machos que viven juntos y defienden un territorio que comprende el de varias hembras. Las hembras y las crías viven por su cuenta la mayor parte del tiempo, pero todos ellos se reúnen en los lugares donde abunda la comida.

¿Utilizan un lenguaje los chimpancés?

Los órganos vocales de los chimpancés no les permiten articular sonidos, y su oído, aunque fino, no es capaz de diferenciar los sonidos que constituyen el complejo lenguaje hablado. No obstante, no hay duda de que los chimpancés se transmiten una gran cantidad de mensajes por medio de miradas, expresiones faciales *(abajo)*, posturas y un variado repertorio de llamadas y vocalizaciones. Los chimpancés emiten gruñidos, gritos, chillidos y otros sonidos que recuerdan jadeos y resuellos. Toda la amplia gama de recursos expresivos que utilizan los chimpancés podría ser perfectamente descrita como un lenguaje.

Expresiones faciales

Fruncir el ceño indica que el chimpancé se dispone a amenazar o atacar a un adversario. No emite sonidos, pero el pelo de la cabeza se eriza.

Esta expresión, acompañada de varios sonidos breves parecidos a bocinazos, aparece cuando un individuo descubre comida o se encuentra con otros chimpancés.

Los rugidos sustituyen a los bocinazos cuando los chimpancés se comunican con miembros del grupo situados a cierta distancia. Estos rugidos pueden oírse a casi un kilómetro.

Un individuo subordinado enseña los dientes cuando está alarmado, asustado o cuando se acerca a un individuo dominante.

La sonrisa con la boca totalmente abierta, acompañada de jadeos, puede expresar tanto sorpresa, cuando algo aparece de improviso, como una invitación al juego.

La boca muy abierta y un chillido indican gran excitación o sorpresa.

Para admitir su derrota, el chimpancé imita los pucheros con que los jóvenes se dirigen a sus madres.

El lenguaje corporal

Además de los sonidos y las expresiones faciales, también la forma de mover el cuerpo, los brazos y las manos tiene una gran importancia en la comunicación entre los chimpancés. Los observadores han descubierto una extraordinaria riqueza de significados en los gestos y las posturas, algunas de las cuales se representan a continuación. Igual que los seres humanos, los chimpancés se besan y abrazan, baten palmas y se saludan cuando se encuentran tras un período de separación. La comunicación es imprescindible para mantener el orden social.

Un chimpancé manifiesta que desea compartir la comida de su compañero mirándolo fijamente y extendiendo la mano.

Para saludar a un superior, un pequeño chimpancé extiende las manos mientras se curva en una reverencia.

Unas sacudidas con el brazo extendido sirven para alejar a un intruso.

Los besos sirven para saludar a los parientes y amigos íntimos. Los chimpancés suelen besarse con sus crías, lo cual refuerza sus vínculos.

Un macho corre arrastrando una rama para intimidar a un enemigo o a otro miembro del grupo.

Hablando con monos

Cuando se enseña a gorilas y chimpancés el lenguaje de signos utilizado por los sordomudos o el significado de ciertos símbolos, se observa que los monos son capaces de recordar los significados y el orden de las palabras. Utilizando un teclado especial con los símbolos que se muestran a la derecha, unos chimpancés adiestrados pueden mantener conversaciones sencillas pero inteligibles con seres humanos, formando frases correctas para pedir agua, bebida o juegos.

 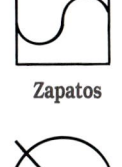 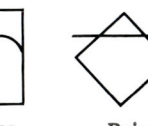 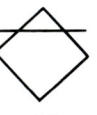 

Vaso   Zapatos   Rojo   Naranja

 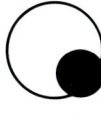 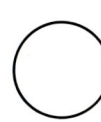

Papel   Cuerda   Azul   Morado

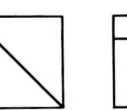 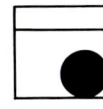  

Cepillo de dientes   Cuchara   Blanco   Gris

¿Son los monos capaces de aprender unos de otros?

Un mono que desarrolle una nueva habilidad puede enseñársela a sus crías, y con el tiempo todo el grupo acabará copiándola. Por ejemplo, una hembra de macaco japonés llamada Imo, de dos años de edad, descubrió por accidente que si lavaba sus boniatos antes de comérselos eliminaba la arena que llevaban. Más tarde, todo el grupo lavaba los boniatos. Al poco tiempo, los monos empezaron a meter los boniatos en el mar para darles un sabor salado, una costumbre única que se ha convertido en una de las actividades más habituales del grupo.

Un macaco japonés separa el grano de la arena lavándolo en un charco. La arena se hunde y el grano limpio flota. Un individuo lo descubrió y el resto lo copió.

En una región fría y montañosa de Japón, los monos se mantienen calientes sumergidos en aguas termales. Después de que un individuo lo descubriese al saltar al agua, el resto siguió su ejemplo.

Glosario

Abdomen: parte del organismo que contiene el aparato digestivo.

Adaptación: cualquier cambio hereditario en la organización, forma o funciones de un animal o planta que aumenta sus probabilidades de reproducirse y sobrevivir en el ambiente en que vive.

Agalla: bulto en forma de tumor que aparece en los tejidos de algunas plantas provocado normalmente por hongos o insectos.

Alevín: pez de menos de un año de edad.

Aminoácido: compuesto químico que constituye las unidades estructurales de las proteínas.

Anélido: miembro del tipo Annelida, gusanos anillados de cuerpo blando.

Anfibio: miembro de la clase Amphibia, animales que ponen sus huevos en el agua, donde se desarrollan también sus crías, que pasan por una fase de larva. Los adultos pueden ser terrestres o acuáticos.

Animal: cualquier miembro del reino animal. Los animales precisan comer para sobrevivir y suelen tener la capacidad de desplazarse a voluntad.

Ano: orificio en el que finaliza el tubo digestivo y a través del cual se eliminan del organismo los materiales no digeridos.

Antena: cada uno de los receptores sensoriales pares, articulados y móviles que se hallan en la parte frontal de la cabeza de algunos animales, tales como insectos, arañas o crustáceos.

Antropoides: primates de gran tamaño, como el gorila y el chimpancé.

Bacterias: organismos microscópicos que pueden vivir libres o parásitos de otros organismos.

Banco: grupo numeroso de peces de la misma especie que se desplazan juntos.

Barbas: láminas que actúan como cedazos en la boca de las ballenas sin dientes y que sirven para filtrar el alimento que se encuentra en el agua.

Barbillas: receptores provistos de terminaciones gustativas que cuelgan de los labios o boca de algunos peces, como los peces gato y las lochas.

Camuflaje: adaptación protectora que permite a un animal confundirse con el paisaje que lo rodea reduciendo así la posibilidad de ser visto.

Caparazón: cubierta protectora de gran dureza que recubre el dorso de algunos animales, como las tortugas o los cangrejos.

Cartílago: tejido esquelético flexible de conexión que sirve de soporte al tiempo que permite el movimiento. Algunos peces, tiburones y rayas tienen todo el esqueleto formado por cartílago.

Casta: tipo especializado de insecto que vive en una colonia. Por ejemplo, las abejas obreras. Cada casta desempeña un determinado trabajo dentro de la sociedad.

Células epiteliales: células que recubren las superficies corporales, forman las glándulas y tapizan las cavidades internas y las vísceras.

Cilios: órganos semejantes a pelos que recubren la superficie de algunos animales unicelulares, como el paramecio. Los cilios sirven para desplazarse y para conseguir el alimento.

Citofaringe: tubo que en algunos protozoos conduce hasta la región interna de la célula.

Clase: conjunto de órdenes emparentados entre sí. Las clases, a su vez, se agrupan en tipos. Parte del sistema de clasificación.

Cnidoblasto: fino aguijón enrollado que algunos animales utilizan para defenderse y capturar a sus presas.

Colonia: grupo de animales de la misma especie que viven juntos, como las abejas o las hormigas.

Coloración de advertencia: combinación llamativa, contrastada o conspicua de colores que se observa en algunos animales venenosos o que pretenden aparentarlo. Los depredadores aprenden con facilidad a evitar a estos animales.

Cortejo: comportamiento que efectúan muchos animales, como los cangrejos violinistas, las grullas o los tilonorrincos, y cuya misión es atraer a la pareja.

Cromatóforo: célula que contiene pigmento y que permite a algunos animales cambiar de color.

Crustáceo: animal perteneciente a la clase Crustacea, como las gambas, provisto de un caparazón duro y cuerpo y apéndices articulados. La mayor parte de los crustáceos vive en el agua.

Depredadores: animales que matan y devoran a otros.

Dermis: capa de piel situada bajo la epidermis, hecha de tejido conectivo elástico que sostiene y une la piel a la musculatura y el esqueleto.

Despliegue: determinada pauta de conducta que un animal utiliza para comunicarse visualmente, como el cortejo.

Dióxido de carbono: gas compuesto de moléculas formadas por un átomo de carbono y dos de oxígeno. Es un subproducto de la respiración de los animales y lo utilizan las plantas durante la fotosíntesis para sintetizar oxígeno y otros productos.

Ecolocalización: proceso de localización de objetos por medio de ondas sonoras que son reflejadas por el objeto y vuelven al emisor. Es la técnica que usan los murciélagos para encontrar su alimento.

Enzima: proteína que interviene en las reacciones bioquímicas.

Epidermis: la capa más externa de la piel que protege a la dermis.

Equinoccio: cada uno de los dos días del año, alrededor del 21 de marzo y el 23 de septiembre, en que día y noche tienen la misma duración en cualquier lugar del planeta. Durante el equinoccio, el centro del sol cruza el ecuador celeste.

Especie: conjunto de organismos similares que pueden reproducirse únicamente entre sí. Parte del sistema de clasificación.

Espermatozoide: célula reproductora masculina. En la mayor parte de las especies, el espermatozoide debe unirse al óvulo producido por la hembra para que el animal pueda reproducirse (fecundación).

Familia: conjunto de géneros relacionados entre sí. Las familias, a su vez, se agrupan en órdenes. Parte del sistema de clasificación.

Feromona: sustancia química segregada por algunos animales, como las mariposas, y que señala su posición con el fin de orientar a los individuos del sexo contrario.

Fosetas faciales: órganos sensibles al calor que las serpientes tienen situados en dos cavidades tras los ojos.

Gasterópodo: miembro de una clase de moluscos que comprende animales con ojos y otros receptores sensoriales en la cabeza, una concha y un pie en forma de disco. Caracoles y babosas.

Género: conjunto de especies emparentadas entre sí. Los géneros, a su vez, se agrupan en familias. Parte del sistema de clasificación.

Glándula pituitaria: glándula situada en el cerebro que produce hormonas relacionadas con el crecimiento.

Glándula: conjunto de células especializadas que fabrican y segregan una sustancia utilizada por el organismo.

Hábitat: el medio ambiente propio y característico de una especie, allí donde un ser vivo se desenvuelve.

Herencia: el proceso mediante el que se transmiten características de una generación a la siguiente.

Hileras: órganos que fabrican la seda en arañas y orugas.

Hioides: hueso situado en la base de la lengua y que sostiene a ésta. Es extraordinariamente largo en los pájaros carpinteros.

Hormonas: sustancias que se sintetizan en glándulas y son transportadas por el torrente sanguíneo hasta otro órgano o tejido donde se encargarán de regular determinadas funciones orgánicas.

Huésped: organismo que mantiene y alimenta a otro, a menudo parásito. También el organismo dominante en una relación simbiótica.

Instinto: tendencia innata a comportarse de determinada manera.

Invertebrado: animal que carece de columna vertebral. Los gusanos, los insectos y las gambas son ejemplos de invertebrados.

Jerarquía: sistema por el que un grupo de animales, como los chimpancés, se organiza en niveles, estando los individuos de los niveles más bajos subordinados a los dominantes.

Krill: conjunto de diminutos crustáceos, parecidos a las gambas, que constituyen el alimento básico de diversos animales marinos, como pingüinos y rorcuales.

Larva: forma inmadura, de aspecto similar a un gusano, que surge del huevo de muchos insectos y crustáceos.

Lecha: huevos o esperma que son depositados directamente en el agua por algunos animales como los peces.

Macronúcleo: el mayor de los núcleos de los protozoos, que, como el paramecio, tienen dos núcleos. El menor se denomina micronúcleo.

Mamífero: miembro de la clase Mammalia, animales de sangre caliente, con el cuerpo cubierto de pelo y cuyas hembras producen leche con la que alimentan a sus crías.

Mancha en forma de ojo: dibujo en forma de ojo que sirve de protección. Se halla en muchos animales, peces y mariposas, por ejemplo, y sorprende o confunde a los depredadores.

Mandíbulas: maxilares o piezas bucales.

Medio ambiente: conjunto de condiciones, influencias y objetos que actúan sobre el desarrollo de los seres vivos.

Melanóforos: células que contienen pigmentos negros o pardos.

Membrana timpánica: tímpano.

Membrana: fina capa de tejido que suele recubrir o tapizar un órgano.

Migración: desplazamiento periódico que realizan algunos animales desde las regiones donde se alimentan en invierno hasta las zonas en que crían en verano.

Mimetismo: sistema de camuflaje por el que una especie se asemeja a otra o bien a un objeto propio de su ambiente, como una ramita o el pétalo de una flor. *El mimetismo batesiano* es aquel en que una especie inofensiva adopta la apariencia de otra peligrosa o de sabor repugnante. *El mimetismo mülleriano* es aquel en el que distintas especies de animales venenosos se parecen entre sí.

Molécula: la porción más pequeña de una sustancia o compuesto que sigue manteniendo las propiedades y características típicas del mismo.

Muda: pérdida y nuevo crecimiento de la piel, pelo, plumas, conchas o astas que se producen periódicamente.

Mutualismo: relación simbiótica entre dos organismos de la que ambos obtienen beneficios.

Naturalista: persona que estudia la historia natural: plantas, animales, minerales y otros elementos de la naturaleza.

Nervio trigémino: nervio con tres ramas que enlaza los órganos sensoriales.

Orden: conjunto de familias emparentadas entre sí. Los órdenes, a su vez, se agrupan en clases. Parte del sistema de clasificación.

Organización social: estructura de un grupo, con una jerarquía, que les permite vivir juntos en una colonia o agrupación.

Órgano: parte del organismo, como el corazón o el estómago, que desempeña unas determinadas funciones.

Órgano de Jacobson: órgano olfativo situado en el interior de la boca de algunos reptiles como las serpientes.

Órgano olfativo: órgano que capta olores y en el que reside el sentido del olfato.

Óvulo: célula reproductora femenina. En la mayoría de las especies el óvulo debe unirse al espermatozoide masculino para que el animal se reproduzca.

Parásito: organismo que vive sobre o en el interior de otro denominado su huésped. El parásito obtiene comida o cualquier otro beneficio a expensas del huésped.

Pedipalpos: el segundo par de apéndices, situados justo detrás de los quelíceros, de las arañas.

Pericondrio: membrana que recubre el cartílago excepto en las articulaciones.

Pez: vertebrado de vida acuática que respira por branquias en lugar de pulmones. Los peces óseos poseen un esqueleto interno formado por tejido óseo y suelen tener el cuerpo cubierto de escamas. El esqueleto interno de tiburones y rayas está hecho de cartílago.

Población: conjunto de individuos de la misma especie que viven en determinado lugar, tal como la población de pulgones de una planta.

Poliqueto: un tipo de gusano anillado.

Poro: pequeño orificio en el tejido de un organismo.

Primates: orden que incluye a los seres humanos y a los monos, animales con manos prensiles y pies flexibles.

Probóscide: órgano en forma de tubo que sirve para recolectar comida. En los mamíferos, morro o trompa flexible.

Protozoo: organismo unicelular que se alimenta por sí mismo, como el paramecio.

Raya: pez aplanado y cartilaginoso, perteneciente a la misma clase que los tiburones y cuyo esqueleto está formado por cartílago.

Receptor gustativo: grupo de células sensibles que forman parte del sentido del gusto.

Regeneración: nuevo crecimiento de partes del cuerpo que se han perdido, como la cola en las lagartijas o las pinzas en los cangrejos.

Reina: hembra fértil de una sociedad de insectos, como las hormigas o las abejas. Sólo puede haber una reina en una colonia en cada instante.

Reino: la primera división de los seres vivos. Las plantas y los animales constituyen sendos reinos. Parte del sistema de clasificación.

Reptil: miembro de la clase Reptilia, vertebrados de sangre fría que respiran por pulmones y tienen el cuerpo cubierto de escamas o placas, como caimanes y lagartos.

Simbiosis: asociación estrecha entre dos especies diferentes que beneficia a una de ellas o a ambas. En el *mutualismo*, ambas especies obtienen beneficios de la relación; en el *comensalismo*, una se beneficia mientras que la otra no resulta afectada, y en el *parasitismo*, una sale beneficiada a expensas de la otra, denominada *huésped*.

Sociedad matriarcal: sociedad dirigida por las hembras de la especie.

Sociedad patriarcal: sociedad dirigida por los machos de la especie.

Soldado: obrera especializada de algunas sociedades de hormigas que tiene la cabeza ancha y unas mandíbulas poderosas.

Terminación nerviosa: fibra larga de una neurona, ya sea sensible a los estímulos o activadora de los músculos.

Territorio: área defendida por un individuo o grupo ante las posibles invasiones de otros miembros de la especie. Cada animal busca la comida, corteja a la pareja y cría a la familia dentro de su territorio.

Tipo: la primera división de un reino que agrupa a las clases emparentadas entre sí. Parte del sistema de clasificación.

Tricocisto: apéndice proyectable de algunos animales simples, como el *Didinium*, que se utiliza como defensa o para conseguir comida.

Tropismo: movimiento que efectúan algunos animales simples, como el paramecio, en respuesta a un estímulo. Cuando el movimiento es hacia el estímulo, se denomina tropismo positivo, y cuando es para alejarse del estímulo, tropismo negativo.

Vacuola pulsátil: cavidad de los animales unicelulares que se contrae para descargar su contenido.

Vacuola: cavidad llena de líquido que se encuentra en algunos animales simples. En ellos, la comida es digerida en el interior de vacuolas.

Veneno: sustancia tóxica segregada por glándulas especiales en algunas especies, como serpientes y arañas. Este veneno es inyectado en el enemigo o la presa por medio de picaduras o mordiscos.

Vertebrado: animal provisto de columna vertebral: peces óseos, reptiles, aves y mamíferos son algunos de los grupos que forman parte de los vertebrados.

La clasificación de los animales

Los científicos han clasificado hasta ahora unas 800.000 especies distintas de animales, pero en realidad podría existir por lo menos el doble. Para poder trabajar con tan enorme diversidad, desarrollaron un método de clasificación ordenado y jerárquico que agrupa a los animales según sus relaciones naturales. Dentro del reino animal existen nueve grupos mayores llamados tipos: esponjas, cnidarios, platelmintos, nematelmintos, anélidos, moluscos, artrópodos, equinodermos y cordados. Cada tipo está dividido en clases; cada clase, en órdenes, y cada orden, en otras divisiones más restringidas, tal y como se muestra en el ejemplo a continuación. Algunos representantes del tipo artrópodos son, por ejemplo, los cangrejos, gambas, arañas y mosquitos. El tipo cordados incluye al hombre y a los lobos, ranas, tiburones y serpientes.

Reino: Animal
Tipo: Cordados
Clase: Mamíferos
Orden: Carnívoros
Familia: *Canidae*
Género: *Canis*
Especie: *Canis lupus*

Nombre común: Lobo

Publicado por:
TIME LIFE, LATINOAMÉRICA

Vicepresidente Time Life Inc.: Trevor E. Lunn
Vicepresidente de marketing y operaciones: Fernando A. Pargas

Time-Life Warner España, S.A.
Directora general: Angela Reynolds
Adjunta a dirección: Jeanine Beck

Versión en español:
Dirección editorial: Joaquín Gasca
Producción: GSC Gestión, servicios y comunicación
  Barcelona (España)
Equipo editorial: Antón Gasca Gil, Jesús Villanueva Oria,
  Alejandro Recasens, Dolores Hernández
Traducción: Josep-Lluís Melero i Nogués, Joaquín Lacueva,
  Maite Melero Nogués, Misericòrdia Ramon Joanpere, Joana
  Maria Seguí Aznar, Teresa Riera Madurell, Mercè Rafols
  Seagues
Asesoramiento científico: Doctora Teresa Riera Madurell,
  licenciada en Matemáticas, doctora en Informática,
  vicerrectora asociada de la Universidad de las Islas Baleares
Doctor Santiago Alcoba Rueda, catedrático de Filología
  Española, Universidad Autónoma de Barcelona
Doctor Ángel Remacha, doctor en Medicina, Hospital de la
  Santa Cruz y San Pablo
Doctora Misericòrdia Ramon Joanpere, doctora en Biología,
  profesora de la Universidad de las Islas Baleares, decana de la
  Facultad de Ciencias
Josep-Lluís Melero i Nogués, biólogo, Zoológico de Barcelona
Joaquín Lacueva, biólogo, Zoológico de Barcelona

TIME–LIFE for CHILDREN ™
(Alexandria, Virginia, U.S.A.)

President: Robert H. Smith
Associate Publisher and Managing Editor: Neil Kagan
Assistant Managing Editor: Patricia Daniels
Editorial Directors: Jean Burke Crawford, Allan Fallow,
  Karin Kinney, Sara Mark, Elizabeth Ward

Time Life Inc. es una filial propiedad de THE TIME INC. BOOK COMPANY

TIME-LIFE es una marca registrada de Time Warner Inc. U.S.A.

Asesores científicos: J. Thomas Bell, decano del College of
  Veterinary Medicine, Universidad del Estado de Mississippi
Ronald Crombie, experto en reptiles y anfibios de la
  Smithsonian Institution
Carol Sheppard y Steven Sheppard, entomólogos del
  Departamento de Agricultura de Estados Unidos
George E. Watson, antiguo conservador de aves y director del
  Departamento de Zoología de Vertebrados del National
  Museum of Natural History, Smithsonian Institution,
  especialista en clasificación de aves del Viejo Mundo, en
  ecología y distribución de aves marinas. Forma parte del
  St. Albans Schools, Washington, D.C.

© 1994 Time Life, Latinoamérica

Título original: *Animal behavior*
ISBN: 0-8094-9658-5 (Edición en inglés)
ISBN: 0-7835-3358-6 (Edición en español)

Ninguna parte de este libro puede ser reproducida de ninguna
  forma o por ningún medio electrónico, incluidos los
  dispositivos o sistemas de almacenamiento o recuperación de
  información, sin previa autorización escrita del editor, con la
  excepción de que se permiten citar breves pasajes para
  revistas.

Impreso en Chile por Cochrane S. A.

WITHDRAWN

WITHDRAWN